Tracce

NICO ACAMPORA

con Elisabetta Soglio

Vietato calpestare i sogni

La straordinaria storia di PizzAut
e dei suoi ragazzi

SOLFERINO

SOLFERINO

www.solferinolibri.it

ISBN 978-88-282-1464-9
Prima edizione: aprile 2024
Terza edizione: dicembre 2024

Al vento.

A tutte le persone che parlano con il vento
e a tutte le persone che imparano ad ascoltarlo.

A mia moglie Stefania,
a mio figlio Leo, a mia figlia Giulia
e a tutti i ragazzi di PizzAut
con tutto l'amore che posso.

Prefazione
di Elio

Ho sentito parlare di Nico Acampora e di PizzAut qualche anno fa; i miei figli erano ancora piccoli e ai miei occhi Nico era, come me, il padre di un figlio autistico che spinto dalla disperazione cercava di costruire un futuro per il proprio figlio e per altri figli di genitori come lui. Ecco il primo tratto comune ai genitori di questi ragazzi: la disperazione, e la volontà di non rassegnarsi a un destino che sembra già scritto. Ma come si fa a non cedere alla disperazione quando ti accorgi, un giorno dopo l'altro, che nessuno ti ascolta, nessuno ti aiuta, tutto è difficile e gli ostacoli appaiono insuperabili.

Poi l'ho incontrato Nico Acampora, all'inaugurazione di un supermercato progettato pensando alle difficoltà che una persona autistica incontra nei luoghi affollati, luminosi e rumorosi. L'incontro avvenne grazie alle gentili insistenze di Lucio Moderato, un gigante e un visionario, una figura insostituibile, successivamente morto di Covid, la cui assenza per noi che non abbiamo punti di riferimento di alcun tipo è ancora oggi un peso insopportabile. I ragazzi di PizzAut, oltre a servirmi una pizza deliziosa, si presentarono al pubblico e fu in quel momento che capii la potenza dell'operazione. Quelle persone esprimevano un'energia sana e potentissima, alcuni parlavano a fatica, altri non parlavano del tutto; l'immagine che mi porto di quel giorno è quella dell'uomo che cerca di nuotare con tutte le sue forze, che non vuole annegare. Un incontro da pelle d'oca.

Poi, un giorno che pioveva, ho portato la mia famiglia a Cassina, nel parcheggio di PizzAut. A causa del Covid infatti, il ristorante non era ancora aperto; Nico, gli altri genitori e i ragazzi vendevano le pizze con i furgoni adibiti a pizzerie ambulanti. È stato amore a prima vista, soprattutto per i miei figli che si mangiavano la pizza nel bagagliaio della macchina per non bagnarsi, e con il tempo siamo diventati clienti affezionati, amici, complici di un progetto unico e rivoluzionario.

Rivoluzionario nel vero senso della parola: rivoluzione è cambiamento e PizzAut sta cambiando la realtà attraverso decine e decine di iniziative. Basterebbe citare le assunzioni a tempo indeterminato di ragazzi che nel mondo pre-PizzAut avrebbero vissuto una vita da invisibili; o il lavoro quotidiano di informazione sull'autismo, che nel caso della visita del Presidente Mattarella ha occupato i titoli di testa dei principali mezzi di informazione, caso unico nella storia del nostro Paese.

Col tempo, i ragazzi di PizzAut sono diventati i nostri amici, quasi dei parenti, ci vogliono bene e noi vogliamo bene a loro, si è creato un legame fortissimo. In questi anni li ho visti sbocciare, con molta fatica, ma anche con allegria. Chi, con l'aiuto di un assistente, portava una pizza alla volta oggi ne porta quattro da solo; chi doveva essere aiutato per prendere l'ordine al tavolo oggi lo fa autonomamente e con disinvoltura; chi doveva essere accompagnato quotidianamente dai genitori oggi si reca al lavoro con mezzi propri. Tutte cose che sembravano impossibili e impensabili. La lista dei miglioramenti è lunga e naturalmente diversa per ogni individuo, ma le motivazioni e l'autostima sono motori potentissimi.

Non bisogna commettere l'errore, quando si parla di PizzAut, di considerarla un'impresa privilegiata o «troppo famosa»; secondo me, l'approccio corretto deve necessariamente partire dal concetto di «disperazione», la fiammella che ha acceso il fuoco. Disperazione che nasce non solo dal dolore per la condizione dei propri figli, ma anche dalla consapevolezza che là fuori nessuno ti aiuterà, tantomeno la sanità pubblica. E da quello che vedo, dalle parole che sento a cui non seguono i fatti, questa assenza delle istituzioni durerà ancora per moltissimo tempo.

PizzAut può essere, e secondo me deve essere, un grande esperimento sociale e imprenditoriale in grado di garantire un futuro ai nostri figli, qualunque sia la loro condizione, qualunque sia la disabilità. Un futuro in cui, oltre a creare posti di lavoro per chi fino a ieri era escluso dal mondo professionale, si costruiscano le condizioni per migliorare la vita di chi oggi una vita degna di questo nome non ce l'ha.

Prologo

«Acampora, se lei pensa di riuscirci, è più handicappato dei suoi ragazzi.»

DA FACEBOOK

«Lei è un razzista perché fa lavorare solo ragazzi autistici.»

DA FACEBOOK

«Acampora, lei è un delinquente perché fa lavorare i ragazzi disabili e lascia a casa i ragazzi normali che la pensione la prenderebbero lo stesso.»

DA FACEBOOK

«Vostro figlio è un maleducato.»
«No signora, è autistico.»
«E allora se è autistico tenetelo in casa.»

PASSEGGERA DEL VOLO MILANO-PARIGI

«Non abbiamo l'insegnante di sostegno. Vostro figlio lo facciamo entrare alle 10.»

PRESIDE

«Acampora, lei è il solito padre frustrato che non si arrende alla disabilità di suo figlio e si inventa progetti irrealizzabili che danno finte speranze alle altre famiglie.»

DA FACEBOOK

Quando siamo partiti, in molti speravano che questo nostro progetto potesse realizzarsi e ci hanno sostenuto: ma altri, in numero altrettanto nutrito, non ci credevano e hanno cercato di scoraggiarci.

Ho accettato di scrivere questo libro per ripetere a noi stessi e a tutti che «è vietato calpestare i sogni»: per questo non aspettatevi un trattato sull'autismo.

Leggerete invece il racconto di un'avventura incredibile nata dal desiderio di dare un piccolo contributo alla costruzione di un mondo migliore, più inclusivo, più solidale.

Leggerete di fatiche e frustrazioni, di sorprese e gioie, di amicizia e amore.

Sono soltanto un papà di un ragazzo autistico che ha creato un luogo dove offrire lavoro, dignità e futuro ad altre persone autistiche.

Non sono un esperto di autismo e chiedo scusa fin da ora a studiosi e specialisti e a quanti in queste pagine non troveranno le parole «giuste» o le risposte che cercano.

Infine, voglio presentarvi da subito i veri protagonisti di questa straordinaria ed entusiasmante avventura: i ragazzi di PizzAut.

Emanuele Albanese, chef (detto Chef)
Amelia Alonge, cuoca (detta Cheffa)
Christian Pio Apruzzese, responsabile di sala (detto Cri)
Lorenzo Ballarani, barista (detto Zelig)
Daniele Bertini, cameriere (detto Bert)
Lorenzo Bonacina, cameriere (detto TeppAutistico)
William Caldana, pizzaiolo (detto Willy)
Mirko Casiraghi, cameriere (detto l'Uomo Felice)
Matteo Celeghin, pizzaiolo (detto Matteone Il Gigante Buono)
Keroline Cimei, animatrice sociale
Iacopo Colombo, cameriere (detto Iaco)
Letizia Costa, cameriera (detta Contessa)
Simone Di Salvatore, cameriere (detto Runner)
Simone Frigerio, cameriere (detto Secchione)
Simone Gatti, cameriere (detto Pianista)
Christian Guarneri, cameriere (detto Animal Lovers)
Andrea Malorni, cameriere (detto il Violinista)
Alessandro Marone, barman (detto Il Barman)
Emanuele Meloni, pizzaiolo (detto Lele)
Francesco Nardella, barman (detto Francescone)
Nicolò Nigretti, pizzaiolo (detto Nico)
Gabriele Nughes, cameriere (detto Wikipedia)
Nicole Pagani, animatrice sociale
Riccardo Panceri, cuoco (detto Ricky)
Daniele Perego, cameriere (detto Peg)

Alessio Ronzoni, cameriere (detto Trattore)
Edoardo Ruggeri, cameriere (detto Collezionista)
Andrea Sancrotti, pizzaiolo (detto Pirata)
Michele Sessa, pizzaiolo (detto Fiorello)
Beatrice Tassone, cameriera (detta Principessa)
Matteo Tosoni, pizzaiolo (detto Matteino Il Maestro)
Leonardo Vitali, cameriere (detto Il Conte)
Lorenzo Ziliani, cameriere (detto Lollo L'Anarchico)

Nico Acampora, tuttofare (detto Il Capo)

I dentini del cielo

Leo, Leo, Leo.

Le quattro del mattino. Leo, cuore mio. Un'altra notte senza aver mai preso sonno, il pensiero fisso di questo figlio così amato e così bisognoso di protezione.

Leo, bambino dolce.

Dalla persiana pare filtrare una prima luce, il gatto in giardino miagola disperato. Cosa avrà da disperarsi, lui? Non ha i miei problemi, lui.

Un giro sull'altro fianco.

Leo.

Respiro lungo, esercizio di automotivazione: io non voglio essere disperato, io spero sempre, io ci credo, io sono convinto che troverò qualcosa.

Forse è meglio andare a bere un bicchiere d'acqua. Piano, pianissimo per non svegliare Giulia che dorme nella sua cameretta e domani ha un compito in classe di italiano: la prima media è una cosa seria, soprattutto per una come la mia Giulietta. Leo le si è appiccicato addosso: quando non vuole stare nel letto da solo, prende e va da sua sorella che alla fine lo accetta lì di fianco a lei. E sono bellissimi mentre si fanno le coccole, anche se a volte lei mi sembra un po' affaticata da questa situazione.

Piano, pianissimo. Il tavolo della cucina è ancora da pulire: quasi quasi do una sistemata e faccio una sorpresa a Stefania che alle cinque e mezzo si sveglia perché ha il primo turno in ospedale. Qui non c'è neppure un centimetro libero per appoggiare la tazza del latte... Ieri ci siamo cimentati, come ogni venerdì, nella «serata pizza» e Leo si diverte un mondo a sporcarsi di farina, impastando quello che la mamma gli mette nella ciotola verde. Ha imparato anche a usare il mattarello e versa generose cucchiaiate di salsa di pomodoro che schizzano sul tavolo, sul pavimento, sulle sedie. Un macello che fa parte del gioco. La pizza buonissima, come sempre, poi però siamo tutti troppo stanchi per dare una ripulita: «Ci pensiamo domani», finisce sempre così. Ma stavolta Stefania troverà la sorpresa. Tavolo pulito, cucina presentabile: un risveglio fantastico.

Torno a letto ché magari dormo due ore, anche se da tempo ogni notte fatico a prendere sonno. Il cuscino è a posto, il materasso comodo, il lenzuolo sta accartocciato in una mano, quella brutta abitudine che però di solito mi concilia il riposo. Devo inventarmi qualcosa per Leo.

Leo, Leo, Leo.

L'intuizione arriva d'improvviso, mentre mi sto

ancora compiacendo per aver tirato via dal tavolo farina, mozzarella e pomodoro. È giunta, benedetta intuizione, inattesa ma così chiara ed evidente: come ho fatto a non pensarci prima?

Seduto sul letto, occhi sgranati, quasi urlo: «Ma certo, ecco la strada!».

«Stefania, Stefania svegliati!» «Nico, che ora è? Ha chiamato Leo?» «Leo sta dormendo, stai tranquilla. Ma io ho capito cosa dobbiamo fare.» «Nico, ti prego, ho sonno.» «Dobbiamo aprire una pizzeria...» «Cosa? Ma se non sai cucinare neppure un uovo... Una pizzeria, Nico per favore finiscila. Sono di primo, lasciami dormire che fra poco devo alzarmi e chiudi gli occhi anche tu...»

Stefania non ha capito, e ha pure ragione. Non penso a una pizzeria normale, ma a una pizzeria gestita da ragazzi autistici.

Chiudi gli occhi, mi dice, figuriamoci, la fa facile lei. Adesso io so che cosa devo fare, la strada è segnata, il cammino deciso. È vero, non so neppure cucinare un uovo. Ma si può studiare, si impara, si parla con le persone competenti. Bisogna soltanto cominciare e poi qualcosa succederà.

Quando Nico Acampora si mette una cosa in testa non gliela toglie nessuno e poi ho un conto in sospeso con quel figlio per il quale mi sono sentito per troppo tempo un padre inadeguato, io che il padre l'ho perduto troppo presto.

Stefania continua a dormire. Se dovessimo recuperare tutto il sonno perso in questi anni, non ci dovremmo svegliare più. Giulia era nata nel 2006 e ci aveva costretto a qualche notte in bianco, come tutti i neonati. Ma il cinema sarebbe cominciato con l'arrivo di Leo, due anni dopo. All'inizio pareva tutto sotto controllo, tutto «normale» come si dice usando un aggettivo così sbagliato.

Leo cresceva, Giulia riempiva la casa di parole, risate e canzoni, la mamma si era comprata il Maggiolone di terza mano che la faceva sentire un po' hippie come piaceva a lei e io coordinavo ormai dieci centri giovanili della zona est della provincia di Milano. Un educatore fatto e finito, stimato dai colleghi e da tanti amministratori che mi affidavano progetti e problemi. Un educatore amato da ragazze e ragazzi che ormai avevo imparato a riconoscere anche dopo poche parole e pochi sguardi, soprattutto quelli: intuivo subito con chi si poteva scherzare, chi aveva bisogno di essere scosso, chi reclamava attenzione e affetto, chi doveva essere seguito a vista perché rischiava di commettere errori troppo grossi da gestire in adolescenza. Certo, avevo molto lavoro e conciliare questi ritmi con i turni da miniera di Stefania, primo, smonto, notte, primo, era problematico. Anche perché Leo aveva cominciato a piangere: come veniva buio, intonava un pianto inconsolabile, insistente, devastante. Ogni volta bisognava cercare di calmarlo, rassicurarlo standogli vicino facendo sentire il contatto di mani, gambe, braccia, petto. Lui si lasciava cullare così, dormiva tre quarti d'ora e poi di nuovo, il risveglio e quel pianto che ogni notte sempre più rimbombava tra le pareti e nel cuore.

Poi, piccole avvisaglie: Leo non parlava e ormai aveva due anni. Sarà sordo? Aveva ipotizzato una pediatra. E così eravamo stati dall'otorino che però non aveva avuto bisogno di una visita troppo accurata. Leo si era piazzato in fondo alla stanza, rannicchiato su se stesso. Il dottore, un uomo anziano ed esperto, si era limitato a scartare una caramella e lui aveva immediatamente rizzato la testa e voltato il viso. «No, questo bimbo non è sordo.»

«Stefania, secondo me Leo è autistico.»

La frase mi era uscita improvvisa una sera durante la vacanza in camper in Grecia. Una vacanza faticosissima, perché Leo rifiutava ogni contatto, le novità sembravano spaventarlo e piangeva anche di giorno. Riconoscevo alcuni comportamenti: camminava sempre in senso rotatorio e su se stesso, evitava il contatto fisico e visivo, aveva comportamenti ripetitivi e stereotipati, metteva in ordine le sue macchinine in maniera maniacale. Autistico?

Stefania era rimasta zitta pensando alla sua collega che l'anno prima aveva avuto il terzo figlio. Un flash. «Hai saputo, Stefania? Il bimbo di Paola è autistico.»

Stefania aveva sentito la risposta soffocarle in gola: «Se capitasse a me, non sarei in grado di gestirlo».

Aveva taciuto, quella volta. Ma adesso? Possibile che invece stesse succedendo a lei, a noi?

No, non era possibile.

«Stefania, mi senti? Secondo me Leo è autistico.»

Silenzio, ancora. Ma aveva solo evitato di rispondere al mio dubbio, che in realtà da tempo assillava anche lei.

Dopo l'otorino, trascorsero le vacanze di Natale e il 17 gennaio 2011 fu la volta della neuropsichiatra infantile. Una donna di lunghissima esperienza: un po' algida nell'atteggiamento, sicuramente preparatissima. Avevamo preso un appuntamento con lei all'ambulatorio dell'Uonpia, l'Unità operativa di neuropsichiatria infantile. Già entrare in quel posto mi aveva messo un senso di angoscia che temevo non avrei controllato, ma Leo era con me e Stefania: dovevo mascherare l'ansia. La specialista lo aveva visitato per diciassette minuti. Avevamo davanti un orologio e quel particolare non lo avremmo mai scordato. Perché dopo diciassette angoscianti minuti, non uno di più per capire tutto, la dottoressa vergò su carta intestata la lapidaria sentenza: «Disturbo pervasivo dello sviluppo con tratti accentuati di autismo».

Aggiunse, nascosta dentro la stessa corazza che indossa chi ogni giorno consegna la certificazione di un dolore: «Passate al piano terra e lasciate in accettazione questa carta, poi vi diranno cosa fare».

Rimasi raggelato, non riuscimmo a dire nulla. La freddezza della lingua burocratica serve proprio a silenziare le emozioni.

Stefania prese il foglio e scendemmo le scale senza scambiarci neppure un'occhiata, senza prenderci la mano come facevamo sempre, due estranei nella stessa bolla concentrati sul nulla. Consegnammo il foglio, ne ricevemmo un altro e lessi solo poche parole dall'intestazione: «Modulo per portatori di handicap».

In strada ebbi un mancamento: mi tornavano alla mente i volti, i tic e le frasi in loop di alcuni giovani autistici di cui mi ero occupato dal '91 al '94 come educatore in un centro specialistico per ragazzi con disabilità. Sapevo cosa significasse quella diagnosi, sapevo cosa attendeva Leo e noi... Mentre attraversavo pensai che sarei svenuto, Stefania mi sorresse e quella sarebbe stata la prima di tante volte in cui avrei avuto bisogno della sua forza.

Arrivammo a casa della mamma di mia moglie cui non riuscimmo a nascondere il «verdetto» e cominciarono le lacrime. Stefania era più forte di me, io provavo un senso di rifiuto per quella diagnosi, pensavo soltanto che avremmo subito dovuto chiedere un secondo parere.

La trafila burocratica, difficile da avviare, ci portò così all'ospedale di Monza dove in marzo venimmo ricoverati tutti e quattro: i medici volevano capire il grado di autismo di Leo ed escludere che avesse problemi anche Giulia. Fu angosciante trovarci tutti e quattro in un'unica stanza, giorni di test e di silenzi, di paure e angosce, finti sorrisi per non lasciarsi andare alla disperazione. Una settimana dopo, io e mia figlia tornammo a casa, mentre Leo e Stefania restarono là dentro ancora sette giorni. La diagnosi venne confermata e l'unica risposta ai nostri mille dubbi fu la proposta di una terapia mamma-bambino, un pannicello caldo sul nostro smarrimento. Tornammo da quella prima specialista che ci indirizzò a una psicoterapeuta e cercò di tranquillizzarci, ma intanto sapevamo di essere piombati nel tunnel: un cammino in cui non hai riferimenti sicuri, vieni sballottato fra servizi pubblici e servizi privati, affronti liste di attesa infinite o paghi a peso d'oro dieci minuti di consulto, provi a rubare informazioni agli altri genitori nelle sale d'attesa, vorresti piangere ma non lo fai perché c'è Giulia da proteggere, cerchi a tutti i costi un colpevole e pensi di andare da avvocati, da altri medici, da qualcuno che metta fine al tuo dolore o almeno gli dia una giustificazione accettabile.

Non avevo già sofferto abbastanza?

A quattordici anni avevo trovato mio padre morto sul divano per un malore e quella tragedia mi aveva segnato profondamente. L'immagine di me, ragazzino, abbracciato impotente e disperato a quel corpo senza vita mi accompagna ancora oggi. Sul tavolino di fianco fumava ancora la tazzina del caffè, la piccola coccola che si concedeva prima di addormentarsi. Ma quella sera orribile la vita non gli aveva concesso neppure questo ultimo piacere e se lo era portato via, a soli trentanove anni. Papà era il mio eroe, un operaio e sindacalista d'altri tempi impegnato con tutte le sue forze a combattere soprusi e ingiustizie. Ed era anche il perno della famiglia per noi tre figli impegnati fra le medie e l'inizio delle superiori, perché nostra mamma soffriva di una malattia autoimmune da quando ero ancora più piccolo e poi era stata costretta alla dialisi: per questo vivevamo in una casa che pareva sempre un ospedale da campo, ma almeno papà dava un senso a tutto. Fino a quella sera. Rimasi così sconvolto dalla sua morte tanto ingiusta e inattesa che non partecipai neppure al suo funerale, volevo fuggire dal pensiero della separazione definitiva, non sopportavo neppure l'idea di vederlo chiuso in una bara. Cominciai a seguire meno la scuola, a vagabondare fra le case degli amici e in particolare in quella della mia fidanzatina dell'epoca dove cercavo le cure e l'affetto che non avrei più trovato nel nostro appartamento diventato troppo silenzioso e troppo pesante da vivere malgrado gli sforzi delle mie sorelle. Tamponando il mio dolore ero cresciuto sui pianerottoli di un palazzo delle Gescal di Cernusco sul Naviglio, figlio di tante mamme perché dove c'è la povertà c'è anche più solidarietà. Avevo concluso le scuole superiori anche se avevo dovuto passare dal liceo scientifico a un tecnico-magistrale perché mamma mi disse che dopo la morte di papà non avrebbe potuto pagarmi l'università ed era già uno sforzo farmi arrivare al diploma. Quella decisione per altro mi avrebbe garantito un primo stipendio a diciannove anni e un bagaglio di competenze educative, formative e di relazioni umane che mi sarebbe stato utilissimo per la mia professione. Ma non avrei mai smesso di fare i conti con quel senso di vuoto e con la mia rabbia. L'incontro con Stefania mi aveva restituito la voglia di investire su un rapporto senza paura di restarne poi travolto. Mi aveva regalato nuovamente fiducia nella vita, ma ora quest'altra prova con Leo non me l'aspettavo. Cazzo, avevo già dato, no? Adesso la vita era in debito con me, non poteva accanirsi ancora.

Questi pensieri, questa collera, questa esasperazione

mi accompagnarono giorno dopo giorno per due anni, forse tre. Se ripenso a quel periodo, ho come un black-out nella testa, davvero ricordo poco o nulla: lavoravo moltissimo, ero diventato un punto di riferimento indiscusso di tutto il territorio della Martesana sui progetti per i giovani. A casa stavo il meno possibile: cercavo di sorridere a Giulia, litigavo molto con Stefania e non sapevo come comportarmi con Leo. Io, l'educatore cercato, premiato, amato dai ragazzi, stavo fallendo con mio figlio ma facevo finta di non accorgermene.

Fino al giorno in cui Alessandro, il mio più caro amico, disse una frase che mi avrebbe trapassato il cervello dandomi la scossa di cui avevo bisogno. Eravamo al tavolino di un bar nel centro del paese. «Nico, scusa, ho 'sta cosa dentro... Magari non sono fatti miei, ma siamo amici da così tanti anni...» «Che succede? Devo preoccuparmi?» «Ma no, è più che altro una sensazione... Magari sbaglio.» «Ale, non farla lunga e vieni al punto.» «Sai che ti seguo sui social. Parli di politica, dei tuoi centri giovani, dei progetti educativi, metti foto in cui sorridi con tua moglie e tanti scatti di Giulia. E Leo? Ti sei reso conto che non hai mai scritto una parola su di lui e non hai mai postato una sua foto? Nico, cosa stai combinando? Quel bambino ha bisogno di suo padre.»

Ecco, lo schiaffo che mi serviva. Salito in macchina, presi in mano il telefonino e scorsi freneticamente i miei messaggi, le immagini, i commenti: pareva che davvero avessi oscurato mio figlio. Stavo cancellando Leo. Riuscii a vedermi da fuori: costruivo cose bellissime con i figli degli altri, ma per il mio dov'ero? Cosa avevo costruito con lui? Dopo la diagnosi mi ero adattato a un equilibrio che tanto equilibrato non era: Stefania seguiva Leo, io mi dedicavo a Giulia. Eravamo stati costretti a cambiare tutto: dalle nostre routine quotidiane alle vacanze in camper e perfino ai mobili perché ci avevano consigliato di non lasciare più nulla a portata di mano di Leo. «Se vuole un giocattolo, un biscotto, un bicchiere non può arrivarci da solo ma deve chiederveli. In questo modo dovrà mettersi in relazione con voi e dovrà parlare» ci avevano detto le neuropsichiatre.

In quella relazione che non era più la nostra, in quella casa che non sentivo più mia, con quel figlio davanti al quale ero inerme, l'unica soluzione era stata la fuga. Ma rendermi conto di aver cancellato Leo, no, quello era insopportabile. Tornai a casa e affrontai Stefania: «Lunedì cominciamo un corso per genitori di bambini autistici in un paese qui vicino. Ho bisogno che qualcuno mi aiuti perché dobbiamo aiutare Leo».

Era cambiato tutto, dopo quel caffè con Ale. Ricordo ancora il primo post su Facebook che certificava la mia coscienza ritrovata. Un giorno stava grandinando e Leo era rimasto incantato da quelle palline ghiacciate che non aveva mai visto prima: «Papà, il cielo perde i dentini». Disse così e quella notte condivisi la sua scoperta, una delle sue prime frasi di senso compiuto, con lo sconosciuto popolo dei social aggiungendo il mio commento: «Forse Leo non capisce bene la realtà. Ma questa è poesia». Imparai a voler bene a Leo con lo sguardo di un padre che accoglie e non giudica, imparai a stare più tempo con lui, a non avere paura dei suoi silenzi. Lo coinvolsi nella mia passione, quella per tutta la saga di Star Wars che cominciammo a guardare insieme collezionando spade che sarebbero diventate per Leo lo strumento con cui relazionarsi con gli altri: ogni volta che usciva di casa ne prendeva due e il suo modo per dirti che gli piacevi e si fidava di te era darti una spada. Leo stava crescendo, ci eravamo ritrovati ma bisognava guardare avanti. Mi ero dato un obiettivo: dovevo fare qualcosa per lui.

Ora avevo finalmente scoperto cosa. E mi rivedo sull'altare di una chiesa, soltanto pochi mesi prima: il primo gennaio 2017 era morta mia mamma. Avevo deciso di andare al funerale, mi bruciava ancora il rimpianto di non aver salutato mio padre e questa volta sarebbe stato diverso. Spinto da un bisogno inspiegabile, prima dell'ultima benedizione ero salito al fianco del sacerdote e avevo detto che senza di lei, che fino all'ultimo con le mie sorelle avevamo accudito andando ogni giorno in ospedale, avrei avuto un vuoto dentro incolmabile e del tempo libero che invece avrei riempito inventandomi qualcosa da fare per gli altri. Era un pensiero vago e indefinito, una spinta però a costruire qualcosa che generasse del bene. Mia mamma, Leo, i più fragili. La mia promessa di impegno di quel funerale ha preso la forma di una pizzeria dove avrebbero impastato, cucinato, preso le comande, spillato le birre e servito a tavola soltanto loro: soltanto ragazzi autistici.

Non sono solo, non siamo soli

Una pizzeria, dunque. Oppure la pasta? Gli hamburger?

La mattina dopo l'intuizione sono già al lavoro. Stefania ha di nuovo il primo turno in ospedale e io ho lasciato a scuola Giulia e Leo.

Finalmente solo coi miei pensieri, mi piazzo nel nostro giardinetto, fogli e penna in mano, a cercare ispirazione: la cosa che so fare meglio nella vita sono i progetti sociali. Ne ho preparati moltissimi per aiutare adolescenti e giovani e di solito funzionano. So che cosa serve per essere credibili, so come si costruisce un business plan, so aggiungere la creatività necessaria per non inciampare nel banale. E soprattutto mi hanno sempre spiegato che si comincia da un nome che racconti già la visione: PizzAut? PastAut? BurgerAut? A scanso di equivoci decido di registrare in Camera di Commercio tutti e tre i marchi, sai mai che l'illuminazione colga anche altri.

L'importante è che ci sia la A maiuscola, perché sarà l'Aut di autismo a fare la differenza.

L'idea della pizza mi pare la più convincente anche perché almeno su quella un ragazzino autistico, il mio, l'ho già visto all'opera. Quando hai un bambino che non sta seduto a tavola, che ogni tanto piange, che spesso ripete frasi saltando sul divano e che fa altre mille cose bizzarre non puoi andare al ristorante e magari non tutti gli amici che frequenti hanno piacere a invitarti da loro: non sono «cattivi» e maldisposti, sia chiaro. Semplicemente, vogliono evitare situazioni di disagio e di imbarazzo.

Per questo Stefania aveva cominciato ad aprire le porte di casa nostra agli ospiti, ai parenti, agli amici. E aveva trovato la chiave per coinvolgere Leo proprio con la farina e il sugo di pomodoro. A nostro figlio piaceva fare la pizza, si divertiva a mescolare gli ingredienti. In cucina si calmava, restava incantato davanti al forno ed era contento anche quando poteva far gustare alle persone sedute al tavolo quella fetta fumante, colorata e saporita che aveva fatto lui con la mamma. La pizza, ecco. E chi poteva cominciare a dirmi qualcosa di più se non Rino, compagno di mille battaglie, cuoco e pizzaiolo per passione? «Certo che ti aiuto, Nico, ma da dove si parte?» «Da zero. Io di solito le pizze le mangio e basta.» «Quindi non hai idea di farine, lievitazione, shelf life, linea di cucina?» «Shelfcosa? Zero. Per me stai parlando arabo.» «Ma esattamente, che cosa hai in testa?» «L'obiettivo è una pizzeria dove far lavorare ragazzi autistici. Per arrivarci ho pensato che potrei avviare collaborazioni in qualche locale dove magari già ho conoscenze e amicizie, quelle della mia rete sociale e di vent'anni di mani strette e rapporti consolidati. Pensavo di lanciarla come iniziativa itinerante e di chiamarla "Un assaggio di PizzAut", come ti pare? Così comincio a raccontarla e lancio un appello a chi vuole fare questo esperimento. Io so cosa significa avere un figlio autistico e sono sicuro che tanti genitori si giocherebbero un'opportunità del genere. A me serve un periodo di rodaggio per capire se effettivamente l'autismo lasci margini per un avviamento a questo lavoro.» «Allora apri la tua agenda e comincia a scrivere. Punto primo: le farine non sono tutte uguali...»

Pochi giorni dopo quell'incontro vado a bussare a un'altra porta. Matteo, uno dei ragazzi che avevo seguito nei miei anni da educatore, è l'ex chitarrista dei Modà e gli avevo confidato la mia folle idea: così lui si era offerto di farmi conoscere Kekko Silvestre, il loro frontman. In effetti, poteva essere utile al progetto avere accanto un volto noto, per evitare che il mio appello rimanesse inascoltato. È un giorno assolato di maggio quando incontro Kekko. Lui rimane ad ascoltare il mio sogno, lo fa suo e a me pare incredibile: senza chiedere altro ma semplicemente fidandosi, ci dice di sì. Ora ho anche il testimonial e negli studi di Matteo siamo pronti a registrare lo spot. Il 9 giugno 2017 è una delle date fondamentali per questa avventura. Pubblico il video sull'account di Facebook che nel frattempo avevo aperto come «PizzAut nutriamo l'inclusione». Lo accompagno con questo commento che è ancora in rete: «Ti sei emozionata ai suoi concerti, hai ascoltato con intensità le parole delle sue canzoni... adesso ascolta anche le parole del suo impegno sociale. Effettua una donazione per il progetto che Kekko ha deciso di sostenere in favore dei ragazzi autistici. Il tuo aiuto fa la differenza».

Nel video insieme a Francesco compare già Alessandro, il primo dei ragazzi che aveva aderito al progetto e che mi era stato presentato dalla dottoressa Simona Ravera, la terapista e psicologa che aveva in carico Leo. Una professionista che ci era piaciuta subito perché ci era parso dall'inizio che capisse al volo le nostre paure, i nostri bisogni, il nostro desiderio di costruire futuro; ma soprattutto una persona che ci aveva dimostrato di saper accogliere nostro figlio con la giusta umanità.

In quel breve spot, molto amatoriale ma altrettanto sincero e decisivo per la vita di PizzAut, Kekko ci mette il cuore: «PizzAut per ora è solo un sogno, aiutaci a realizzarlo». Fioccano le condivisioni, qualche giornale locale comincia a scrivere di noi e io sono carico, motivato, felice. Siamo pronti per la nostra prima serata da pizzaioli, anche se avevo già dovuto sbattere il naso contro tanti no di ristoratori cui mi ero rivolto.

Autistici? Non c'è posto.

Alla fine, mi rifugio nella mia comfort zone e la prima serata di PizzAut itinerante si svolgerà a Cassina de' Pecchi, la cittadina a poche fermate di metropolitana della linea verde da Milano, in piena Martesana, dove in tanti mi conoscono e mi vogliono bene. Il locale è un pub gestito da Massimo, un amico carissimo. Riesco a farmi dare in prestito un forno e per tre giorni ci piazziamo lì, all'aperto: ci sono con me Alessandro e Lorenzo detto Lollo l'Anarchico, un altro ragazzo autistico intercettato grazie a sua sorella, anche lei incontrata in uno dei centri giovanili in cui ero stato educatore. L'amico Rino insieme a mio cognato Andrea preparano le panette, i due ragazzi le stendono a turno imparando a esercitarsi col mattarello. Raccolgo le ordinazioni e chi non sta al fianco di Rino si avventura ai tavoli a servire la pizza fumante. Io seguo entrambi i ragazzi da lontano cercando di non perderli mai di vista e di non essere invadente per farli sentire autonomi e responsabili al tempo stesso: sono più emozionato di loro e forse perfino dei genitori che li hanno accompagnati e che li osservano tra condimenti e tavolini con una certa apprensione.

Supereranno la prova? Ambiente nuovo, gesti inusuali, persone con cui relazionarsi, rumori, odori. Tante incognite, la loro tenuta non arriva a un'ora ma è un ottimo inizio: le pizze sono buone, i clienti soddisfatti, i ragazzi galvanizzati da questa esperienza così intensa. Io agguanto un microfono e illustro il nostro progetto raccogliendo ampi consensi. La mia agenda comincia a riempirsi di appuntamenti: il passaparola fra ristoratori si fa sempre più intenso e cominciano a chiamarci anche in altri comuni dell'hinterland e poi fuori provincia. Ogni volta, lancio su Facebook data, ora e luogo dell'incontro e al locale si presentano altri genitori che mi vorrebbero affidare i loro ragazzi: «Puoi mettere il grembiule anche a lui?» è la domanda ricorrente. Io e Stefania conosciamo bene il carico di speranze che quelle parole nascondono. Quei padri e quelle madri non cercano una serata alternativa o un posto dove far trascorrere al figlio qualche ora. Cercano uno spiraglio di luce, un futuro possibile che in tante notti insonni non erano ancora riusciti a immaginare, un sogno da realizzare perché anche i loro ragazzi, i nostri ragazzi, hanno diritto a una esistenza piena di senso, dignità e bellezza.

Poi, un giorno di settembre, arriva la telefonata. «Nico Acampora, parlo con lei?» «Sono io, buongiorno.» «Sono Cristiana, di *Tú sí que vales*.»

Resto zitto sperando che nella mia testa si accenda qualche lampadina e mi illumini per capire di cosa stiamo parlando. Buio. Evidentemente Cristiana se ne accorge: «Lei conosce la nostra trasmissione?». «A dire la verità, in casa mia non abbiamo neppure il televisore.»

Cristiana si fa una risata sincera, di certo non le capita spesso di ricevere una risposta del genere. «Il nostro è un programma serale su Canale 5 con Maria De Filippi, Gerry Scotti, Belén... Ha presente di chi parlo? In ogni puntata presentiamo talenti che si esibiscono e poi vengono votati dal pubblico.»

Sempre buio, cervello aiutami. «Cristiana, mi perdoni. Perché mi cerca? Sono un pessimo ballerino, non canto, non suono... Perché mi sta chiamando?» «Per PizzAut. Abbiamo letto di quello che sta facendo, del suo sogno di aprire una pizzeria con i ragazzi autistici. Venga a raccontarci questo sogno, porti anche i ragazzi.» «Maria De Filippi mi vuole nella sua trasmissione? Ma siete sicuri?» «Nico, posso darti del tu? Una persona che fa quello che fai tu, per noi vale. Quindi, se vuoi, ti aspettiamo.»

Resto lì, col cellulare illuminato. Incredulo. Entusiasta. Chiamo Stefania che da sempre è la parte più razionale della nostra coppia e lei invece qualche domanda se la pone: «Sei sicuro, Nico? Non rischi di esporre troppo i ragazzi? Non dobbiamo trasformare questo progetto e le loro storie in uno spettacolo...».

Ma io so che se vogliamo realizzare il sogno, non dobbiamo avere paura di raccontarlo e di metterci la faccia: quanto ai ragazzi, ognuno di loro per me è come se fosse Leo. Non farei mai del male a Leo, lo sa bene anche Stefania. Quindi, buttiamoci.

Nei giorni seguenti ci sono continui contatti con la redazione, cerchiamo di definire una scaletta per ridurre al minimo l'improvvisazione e voglio evitare di mettere in difficoltà i ragazzi Aut. Mi confronto con un paio di autrici, mando foto e un video molto artigianale in cui racconto la mia idea e una di loro mi chiama sicura: «Nico, è un progetto meraviglioso!».

Avevamo fissato la data da tempo: ma la mia vita incasinata rischia di far saltare tutto. Già, perché tra le altre incombenze, sono anche assessore all'Educazione a Cernusco sul Naviglio, e veniamo avvisati pochi giorni prima che giusto la mattina in cui sarei dovuto essere su un Frecciarossa diretto a Roma sarebbe arrivato l'allora premier Paolo Gentiloni a inaugurare una scuola elementare che avevamo costruito. E l'assessore all'Educazione non può non essere in prima fila con lui e con il sindaco per il taglio del nastro. Non mi ero perso d'animo, mi ero organizzato con i genitori dei due ragazzi che sarebbero stati con me in trasmissione e li avevo mandati a Roma il giorno prima.

Io cerco di tranquillizzare la redazione del programma: va tutto bene, sarò in studio in tempo. Ma persino io nutro qualche dubbio... Arriva il giorno. Stringo la mano al primo ministro, tagliamo il nastro, ci mettiamo in posa per le foto e spendo anche due parole non di circostanza perché sono sinceramente soddisfatto per quel risultato raggiunto nella nostra comunità.

Confido che i premier abbiano agende più complicate di quelle dei pizzaioli e infatti la cerimonia si conclude in un tempo ragionevole.

Saluto velocemente, evito il rinfresco e corro in stazione a prendere al volo il treno. Non ho memoria di quelle tre ore abbondanti di viaggio, ricordo solo il tentativo quasi disperato della truccatrice del programma di rendermi presentabile e di togliermi quelle due dita di occhiaie che mi scopro guardandomi allo specchio.

Meglio così: non sono mai entrato in uno studio televisivo e se solo fossi arrivato un filo in anticipo, curioso come sono, mi sarei fermato a fare mille domande su come funziona quel mondo. Al trucco una delle autrici si mette al mio fianco per rassicurarmi. Tutto a posto, a parte quella specie di nausea da emozione che mi sta aggrovigliando lo stomaco: sento il mio nome echeggiare nello studio mentre dai monitor fuori scena vedo seduti in poltrona Maria De Filippi, Gerry Scotti, Teo Mammucari, Mara Venier, Rudy Zerbi e Belén. Sta succedendo. Non faccio in tempo a chiedermi cosa ci faccio qui, perché devo rassicurare Ale e Lollo che come me per la prima volta appariranno sul piccolo schermo. Parte il nostro video, applausi, eccoci. I ragazzi entrano trionfanti in studio portando le pizze che distribuiscono ai vip e intanto il mio monologo esce fluido, con mia grande sorpresa, come se per tutta la vita non avessi fatto altro che parlare davanti alle telecamere. Guardo diritto quel puntino rosso e condivido il mio sogno tutto d'un fiato. «Buonasera e grazie di averci chiamati qui. Io sto cercando di mettere insieme tre cose belle del nostro Paese, che sono la pizza, l'inclusione e l'amore. PizzAut sarà la prima pizzeria dove lavoreranno soltanto ragazzi autistici. Non è semplice e lo sappiamo, ma intanto già siamo arrivati qui e i ragazzi sono contentissimi di esserci. Tutti insieme e anche grazie a voi noi apriremo un ristorante speciale con ingredienti speciali.»

Ho la salivazione azzerata, ma l'applauso caldo del pubblico mi rincuora. E Ale improvvisa il gesto che diventerà il gesto di PizzAut, mostrando fiero il pollice in su con la mano tesa: il nostro entusiasmo così spontaneo contagia Maria, Gerry, Belén e quel pubblico di sconosciuti che davanti a noi ci sta regalando affetto e una standing ovation. Alzano tutti la mano e il pollice. Siamo tutti PizzAut.

Maria De Filippi ha capito lo spirito: «È un progetto importante, che solo un padre o una madre potevano inventare per i propri figli. Pensare al loro futuro ed educare noi a vedere la normalità. Stai portando qui la vita e le persone devono capire che questa non è finzione e che ognuno deve vivere la propria normalità. Ora devi impegnarti tantissimo, perché sarebbe bellissimo se questa iniziativa potesse raggiungere tante città».

Succede tutto in modo inaspettato: noi abbiamo portato da Milano le magliette rosse con il nostro logo per tutti i presentatori. I ragazzi le regalano, loro si alzano, tolgono le giacche e le indossano. Maria si avvicina a me, abbraccia i nostri ragazzi e poi ci raggiungono gli altri giudici. Io abbraccio tutti e ci mettiamo in posa per la foto. Intanto il pubblico vota e raccogliamo il massimo: cento per cento di gradimento. Gerry Scotti ci spiega che il nostro percorso non si ferma. Io non so bene cosa significhi perché ignoro il meccanismo della trasmissione. Ma quella scritta che si illumina alle nostre spalle «Sei in finale» a caratteri cubitali, una canzone della Nannini in sottofondo, l'emozione delle mamme che piangono dietro le quinte, il pubblico che si alza come per abbracciarci, tutta questa magia attorno ai miei ragazzi mi convince che il messaggio è passato.

Non è molto da me, ma questo finale inatteso e la condivisione sincera di persone famose e sconosciute che non sapevano nulla di noi fino a cinque minuti prima mi inumidisce gli occhi e mi fa traballare. Mi salva l'abbraccio di Gerry Scotti: «Amico, questa tua commozione rende tutto ancora più bello e più vero».

In albergo, dopo la doccia, finalmente tiro il fiato e resto solo con i miei pensieri. Dopo una giornata così intensa, così frenetica, così piena di speranze e promesse di bene posso addormentarmi tranquillo: siamo soltanto all'inizio e la strada sarà lunghissima.

Ma so di non essere più da solo.

Vite strapazzate

«Nico, hai dato un'occhiata a Facebook?» «Stefania, buongiorno, ma che ora è? Mi sono addormentato come un sasso ieri sera, ho un treno alle nove e mi sa che non ho sentito la sveglia.» «Tranquillo, non sono ancora le sette ma ti ho chiamato perché sono in piedi da un'ora a scorrere tutti i commenti sulla pagina Facebook: ieri sera vi hanno visti milioni di persone, sono tutti entusiasti, chiedono dove si può mangiare la "pizza degli autistici".» «Ma dai! Allora un risultato lo abbiamo già ottenuto. Pensa a quanta gente non sapeva neppure cosa fosse l'autismo. O a quelli convinti che gli autistici siano handicappati da tenere chiusi in casa a fare i giochini matematici tipo Dustin Hoffman in *Rain Man*.» «Stai divagando come al solito. Ti leggo qualche messaggio?» «Fammi andare a fare doccia e colazione e poi con calma mi guardo tutto in treno. Ho anche un sacco di WhatsApp, devo leggere e rispondere: magari qualcuno oltre ai complimenti mi fa anche qualche proposta concreta per la pizzeria.» «Ok, ti vengo a prendere in Centrale e ci vediamo lì. Sei un grande, Nico Acampora, sono fiera di te.»

Poco dopo, adagiato e un po' imbarazzato nella mia poltrona di prima classe alla quale non ero abituato, gentilmente offerta dalla produzione di *Tú sí que vales*, comincio a scorrere i messaggi. Uno è proprio di Cristiana della trasmissione, che mi anticipa già l'appuntamento per la finale: «Segnati la data di dicembre e cerca di non arrivare trafelato, stavolta». Ne seguono a ruota altri, sono decine, lunghi, corti, pieni di faccine e cuoricini: ma quanta gente mi ha scritto? Ma cosa è successo ieri sera? C'era tutta l'Italia davanti alla tv, tutti sintonizzati su Canale 5?

Oltre ad amici e parenti che si complimentano o hanno da ridire sulla mia barba («Guarda che ti invecchia», e chissenefrega...), diversi ristoratori che hanno avuto il mio numero non so neppure come mi invitano nei loro locali: «Acampora, venga a fare la pizza da noi con i suoi ragazzi».

Un tenore di risposte molto diverso dalle molte che avevo ricevuto, spietate, all'inizio del progetto. Per giorni e giorni avevo girovagato fra pizzerie prese a caso guardando sui social e lasciandomi convincere dalle presentazioni dei loro siti web. Ma alla fiducia ispirata dalle letture sul mio browser non corrispondeva la disponibilità dell'esercente: «Autistici? E se poi mi mettono le mani nel piatto? O ci sputano?». «Ma voi avete l'hccp?» «Mi spiace, vi aiuterei anche ma fatico già a far lavorare i miei dipendenti normali...» «Ci penso e le faccio sapere...» «Mi può mostrare i permessi per far lavorare persone con disabilità?» Un mix di cavilli burocratici e opposizioni preconcette aveva alzato un muro che a fatica cercavo di buttare giù ricorrendo più che altro all'aiuto di amici.

Ma quei dodici minuti in prima serata su Canale 5 sembravano aver aperto nuovi orizzonti, come se ci avessero consegnato una patente di credibilità con cui mi sarei potuto fare scudo d'ora in avanti.

Aveva ragione Enzo Jannacci, uno che di progetti a prima vista folli e visionari se ne intendeva: «La televisiun la g'ha na forsa de leun, la televisiun la g'ha paura de nisun...».

I miei «Assaggi di PizzAut» possono ora diventare davvero il trampolino di lancio verso l'apertura di un locale tutto nostro: bisogna pianificare il tour, adesso dovevo concentrarmi su questo. Certo, l'impegno diventa sempre più consistente: guardo dal finestrino l'Autostrada del Sole che corre parallela ai binari e mi ipnotizzano tutte quelle auto che sfrecciano tra Bologna e Milano. Dovrò correre anche io, avanti e indietro per le serate con i ragazzi. Dovrò imparare i segreti degli impasti delle pizze, parlare con le famiglie, con i ristoratori, cercare qualche piccolo aiuto economico perché il tot a pizza venduta che ci lasciano a fine serata basta a malapena per coprire le spese che già sto affrontando.

Bisogna inventare un logo e stampare altre magliette rosse come quelle che abbiamo regalato a Maria De Filippi e agli altri vip, per autofinanziarci con altri oggetti di merchandising. Ma cosa ne so io di merchandising?

E poi ho l'incarico in Comune a Cernusco, sono pur sempre assessore e devo andare a vedere la situazione nelle scuole, devo partecipare alle riunioni di giunta e alle sedute di consiglio.

Ma come faccio?

Fermati un attimo, Nico: mi serve un bicchiere di acqua, non è buona pratica affrontare i problemi mettendoli tutti in un unico calderone. PizzAut, i progetti educativi, la mia società di consulenza, la politica... Se Stefania sapesse che solo in fondo a questa lista sto mettendo lei, Giulia e Leo, mi farebbe riflettere e mi pare di sentirla: «Prima di occuparti dei bambini autistici degli altri, occupati del nostro. E già che ci sei, ricordati che hai anche un'altra figlia, che non è autistica ma che non deve essere trascurata perché sta già pagando fin troppo e da troppi anni le conseguenze della situazione di Leo. E mi permetto sommessamente di invitarti a fare mente locale sul fatto che hai anche una moglie: una donna tosta, paziente, tenace cui però devi far capire se è ancora parte di una coppia e se Nico è ancora l'altra metà della sua mela». «Salito a Bologna? Desidera un caffè?» La hostess mi distrae da pensieri sempre più disordinati e assillanti. «Lei arriva al momento giusto, signorina. Io sono partito da Roma, però un po' d'acqua e un tè mi sarebbero di grandissimo aiuto...» «Ma certo. Zucchero?» «Sì, grazie.»

Mescolo nel bicchierino compostabile, so che dovrei

bere tutto amaro perché mentre mi perdo in questa vita frenetica sto decisamente trascurando la salute e il mio peso unito ai valori della glicemia mi imporrebbero una dieta drastica, altro che pizze e tè zuccherati. Ma gli esami possono aspettare... Squilla il cellulare, è Guido, uno dei collaboratori dell'impresa, una Sas, che avevo fondato anni prima: forniamo consulenze alle pubbliche amministrazioni sui progetti educativi e visto che siamo riconosciuti come competenti e affidabili, arrivano molte commesse e il giro di incarichi è importante.

Pochi giorni prima, però, avevo annunciato alle persone con cui lavoravo che mi sarei preso un periodo di aspettativa, per concentrarmi su PizzAut. Ci vuole tempo, il mio, perché non resti soltanto un sogno. Certo, le entrate crolleranno ma Stefania mi appoggia su questo e daremo fondo ai risparmi che abbiamo da parte, in qualche modo ce la caveremo. E se invece le cose dovessero andare male, si vedrà. «Nico, ciao, ti ho visto ieri in tv, sei stato davvero bravissimo e volevo solo farti i miei complimenti.» «Tu mi conosci, Guido, lo sai che ho improvvisato tutto.» «Magari il discorso, ma si capisce molto bene che hai un progetto chiaro in testa e che ci credi davvero. E questa non è improvvisazione, amico mio. In bocca al lupo, chiamami se hai bisogno e non sparire come il tuo solito.»

Quella breve telefonata di uno che mi conosce bene mi rinfranca. Ha ragione Guido, ne vale la pena.

Stefania è puntuale in cima al binario del mio treno. Mentre torniamo a casa cerco di mettere ordine nei miei pensieri raccontandole come penso di proseguire. «Non farti travolgere, Nico», la sua unica, amorevole, raccomandazione.

La mia agenda si riempie di appuntamenti e fioccano contemporaneamente gli inviti nei locali e i nuovi ingressi nella famiglia di PizzAut.

Ogni serata per me è un'occasione per studiare i ragazzi al lavoro e capire quali criticità dovrò affrontare. Il nostro gruppo si è ingrandito. Francescone, che è stato con me anche in tv, di sicuro non potrà rimanere in cucina perché mi sono già accorto che mangia qualunque cosa, compreso l'impasto crudo. Lorenzo si è già conquistato il soprannome «il Teppa» o «TeppAutistico» perché spesso diventa incontenibile e va seguito a passo a passo: i clienti gli vogliono bene perché la sua prima domanda è sempre: «Che giorno sei nato?» e qualunque sia la risposta, mettendo in moto un meccanismo del suo cervello che qualche specialista mi ha anche cercato di spiegare ma che per me resta abbastanza misterioso, dopo aver fissato qualche secondo il vuoto ti dice il giorno della settimana corrispondente a quella data.

Poi però si dimentica la comanda ricevuta.

E fossero soltanto quelli i problemi: c'è quello che non lavora se piove, quello che sbaglia i tavoli, quello che si gratta la testa mentre porta la pizza, quello che si tappa le orecchie se in sala parte l'applauso... Per questo motivo mi stanno aiutando i genitori e a loro si è aggiunta anche una volontaria, si chiama Paola Zorzi, che è stata una mia avversaria politica in

Comune a Cernusco, lei in lista con la Lega, io uomo della sinistra sociale come mio padre. Una professionista con una società di comunicazione e studi di posa molto avviata e molto conosciuta, che non sapeva nulla di autismo ma era rimasta molto colpita dai nostri post su Facebook: mi aveva chiesto l'amicizia che io non le avevo dato perché ero sicuro che non avrei mai avuto nulla da spartire con lei. Finché un amico comune ci aveva presentati davanti a una tazza di tè e avevo intuito che forse il mio pregiudizio era ingiustificato. «Vieni stasera a darmi una mano» le avevo proposto. Lei era arrivata puntuale, con un enorme sorriso, ed era entrata subito in sintonia con i ragazzi e oggi è una delle mie collaboratrici più strette.

Miracoli di PizzAut.

Anche con Paola mi sono confrontato su uno dei problemi più evidenti, quello delle comande, e abbiamo valutato che in questa prima fase fosse meglio limitarci alle bevande: per i ragazzi, penso ad esempio a un altro Lorenzo che chiamiamo Lollo o anche l'Anarchico visto che tendenzialmente fa quello che ha voglia di fare al di là della tua richiesta, è già complicato parlare con un estraneo, ascoltare e scrivere su un taccuino «birra» piuttosto che «una gasata». Con Lollo non è sempre facile il confronto, a maggior ragione se sei uno sconosciuto mai visto prima; a meno che tu sia un appassionato di cartoni animati che conosce a memoria sigle, personaggi, dialoghi: sull'argomento sa veramente tutto e ogni tanto improvvisa pezzi di cartoni a cui è più affezionato. Ho anche pensato che Lollo potesse scrivere sul foglio delle comande i nomi dei suoi personaggi preferiti, invece anche lui col tempo mi avrebbe stupito mostrandosi adeguato e preciso.

Mi confronto con medici e specialisti di autismo per capire come posso trasformare le caratteristiche e i problemi degli autistici in valore aggiunto e dove invece mi devo fermare adeguando il progetto alle loro esigenze e ai loro limiti. Non manca chi mi scoraggia, chi mi dice apertamente che sto facendo il passo più lungo della gamba e che non ho gli strumenti per affrontare un progetto così ambizioso.

Mi torna in mente la telefonata di un terapista occupazionale che mi aveva contattato via Facebook e a cui avevo fatto l'errore di dare il mio numero di cellulare. «Acampora, sto seguendo questa sua iniziativa.» «Grazie...» «Posso chiederle, così giusto per capire: ma lei che studi ha fatto? Che esperienza ha per occuparsi di un argomento così delicato? Glielo dico perché io mi considero un esperto di questo settore e so quanto sia complesso. Temo che lei stia creando illusioni a se stesso e soprattutto ai ragazzi e alle loro famiglie...»

Lo lascio finire e gli rispondo con tutta la convinzione di cui sono capace: «Io sono un educatore e sono il papà di un ragazzo autistico. Non sto proponendo la pizzaterapia, non sto indicando una strada per affrontare l'autismo perché sono molto consapevole dei miei limiti e ho rispetto per le persone che studiano questi argomenti. Sono solamente un imprenditore che crea posti di lavoro e che nello specifico vorrebbe crearli per i ragazzi autistici». E poi non riesco a trattenermi: «E lei che invece è un esperto, quanti ragazzi autistici o con disabilità ha assunto o ha fatto assumere con un contratto a tempo indeterminato?». Aspetto ancora la risposta.

Quel terapista è stato uno dei primi ma certamente non l'ultimo a criticare il progetto. Ma non mi sono perso d'animo, perché la mia è una convinzione radicata dall'esperienza diretta e c'è una frase che mi ripeto di continuo: non tutto quello che facciamo e ci fa stare bene è terapia.

Resta indubbio che più ci facciamo conoscere e più c'è il rischio che il mio messaggio venga travisato.

Io non posso dire di essere un esperto di autismo (anche se qualche esperienza me la sono fatta), non sono un medico e al primo incontro con i genitori lo ripeto sempre come un mantra: «Questa non è una terapia, non siamo psichiatri né santoni, cerchiamo soltanto di formare pizzaioli e camerieri autistici».

Alcune famiglie non sono pronte, si aspettano il miracolo che non posso realizzare perché purtroppo questa esperienza non è adatta a tutti; lo spettro autistico ha gradazioni molto diverse fra loro e per quelle più severe PizzAut non può funzionare, non so neppure se il percorso che propongo sarà un giorno adatto al mio Leo.

Nel nostro cammino che coinvolge sempre più persone arriva inevitabile, e umanamente comprensibile, anche qualche disappunto dichiarato: qualche mamma o papà esterna sui social la delusione, si sentono traditi nelle aspettative perché io, e questa cosa mi fa stare malissimo, non ce l'ho fatta con il loro figlio. Lo so dal principio, non potrò aiutare tutti: ma non è un motivo valido per non andare avanti perché così farei il male degli altri, di quelli che invece qui possono trovare la dimensione ideale per loro, possono sentirsi più autonomi e potranno un giorno avere anche un contratto di lavoro. È successo anche a qualche ragazzo che all'inizio era con me, ma non ha poi raggiunto un livello sufficiente di sicurezza e di autonomia sul lavoro. Quando mi capita di non confermare un ragazzo in questa esperienza mi sento inadeguato, quasi in colpa.

Per questo devo imparare a fare i conti anche con chi si ferma a metà strada. Ci sono genitori che si presentano e mi affidano tutto il loro fardello di dolore e di preoccupazione pensando che PizzAut possa essere la soluzione. Ce ne sono anche che si pongono con generosità e domandano cosa possono fare per aiutare il progetto, e sostenere, oltre al loro figlio, tutti i figli di PizzAut.

Come Enrico.

Enrico

«Certo che non si trova mai un programma decente. Inventano sempre più canali e mai che propongano qualcosa che ti svaghi un po' in modo intelligente. I tg e i talkshow politici me li evito volentieri, di problemi ne abbiamo abbastanza, eh Luisa? E poi quei sapientoni lì sembra si divertano a litigare e a insultarsi per fare audience. Per non contare tutte queste pause pubblicitarie; va bene che tra poco è Natale e le escogitano di ogni tipo per farci spendere più soldi, ma ogni cinque minuti ti propongono un panettone, una macchina, un profumo… vero Luisa? Luisa? Luisa, mi stai ascoltando?» «Sì, ti ascolto, anche se mi si chiudono gli occhi; la tv mi concilia il sonno, ma se tu continui a cambiare canale mi svegli con quel volume assurdo... Hai provato su Canale 5? C'è la trasmissione della De Filippi, almeno ci rilassiamo.» «*Tú sí que vales*? Ti accontento, ma la gente che canta e balla, dai, lo sai che non è il mio. Guarda qui se alla fine non sono tutti uguali.» «Aspetta un attimo, fammi ascoltare. E questo chi è?» «No, vabbe', se anche uno così diventa un divo del piccolo schermo siamo proprio alla frutta. E questi ragazzi con la maglietta rossa cosa mi rappresentano?» «Se fai silenzio, lo capiamo: di sicuro questo non è un cantante...»

La voce di Nico Acampora aveva riempito il salotto di casa Celeghin. «Maria, grazie per averci nuovamente invitato qui per far conoscere PizzAut. Il nostro sogno non si è fermato, anzi, dopo che siamo stati da te lo scorso settembre siamo diventati quasi famosi e si sono aggiunti altri ragazzi autistici che vogliono diventare pizzaioli.»

Ragazzi autistici? Enrico si era sollevato dallo schienale e aveva alzato ancora il volume perché quell'argomento lo interessava, eccome se lo interessava. Matteo era nato nel 1996, secondo figlio tanto desiderato e amato. Ma un genitore lo capisce quando c'è qualcosa che non va: quel neonato piangeva troppo e anche crescendo non si erano notati miglioramenti. Piangeva e non parlava, non parlava e piangeva. Luisa, impiegata in un ospedale pubblico, aveva timidamente chiesto consiglio a qualcuno dei medici più gentili, ne aveva parlato alle infermiere del reparto di pediatria. Le avevano suggerito di consultare il medico di famiglia, di fare esami non invasivi di approfondimento ma anche di non preoccuparsi troppo.

Mentre i mesi passavano, Enrico e Luisa cercavano di tenere a bada l'ansia, ma era come se sospesa nell'aria e nei loro pensieri ci fosse sempre l'idea, l'incubo, che quel comportamento potesse celare il nome di qualche malattia indicibile. Quando Matteo non smetteva di piangere, Luisa cercava negli occhi azzurri e buoni di Enrico la rassicurazione che però ormai neppure suo marito riusciva più a darle. Il giorno in cui pronunciò la parola «papà» per la prima volta, Enrico lo ricordava bene: suo figlio aveva cinque anni e sembrava essersi reso conto anche lui di essere stato protagonista di una piccola impresa tirando fuori non si sa bene da dove quella doppia sillaba che aveva per un attimo regalato una parvenza di normalità. «Sì, Matteo, sono il tuo papà», e lo aveva preso in braccio stringendolo forte: «Sono il tuo papà, ti proteggerò sempre e comunque, da tutto e da tutti».

La situazione era poi peggiorata. Matteo aveva cominciato a farsi del male, a volte picchiava la testa contro il muro quasi come se si stesse ribellando alla sua incapacità di comunicare e di farsi capire.

Gli esami stavano cominciando a inquadrare il problema, che per alcuni anni fu diagnosticato con la formula poco comprensibile di «disarmonia evolutiva».

Matteo venne affidato a una neuropsichiatra infantile che lo seguì per un po': ma quelle visite erano costosissime ed Enrico, un gran lavoratore, tecnico metalmeccanico molto stimato dai suoi capi, uno che per suo figlio sarebbe stato in azienda anche venti ore al giorno, non poteva raddoppiare i turni perché il bambino andava seguito quando non c'era la moglie e in famiglia, per salvare i due stipendi, ci si alternava con gli orari.

Enrico e Luisa si erano dati la regola che non avrebbero fatto pesare i loro problemi sui rispettivi colleghi: per questo non avevano chiesto i vantaggi e le agevolazioni della legge 104, limitavano i permessi allo strettissimo indispensabile e cercavano di cavarsela senza piangersi addosso né in casa né fuori.

L'unico cambiamento di rilievo era avvenuto nella carriera di Enrico, figura chiave in un'azienda del legno: era sempre stato tecnico specializzato e collaudatore di quei sofisticati macchinari che per lui non avevano segreti e per questo era molto spesso in trasferta. Un compito che amava profondamente e che anche Luisa cercò fino a che riuscì di proteggere. Ma in casa c'era sempre più bisogno di lui.

Non era stato difficile trovare un'altra occupazione perché le sue competenze erano molto ambite: dall'assistenza passò alla produzione come capo turno e poi capo reparto.

Smontava di notte e andava a portare Matteo a scuola. Si riposava qualche ora e tornava a riprenderlo mentre Luisa era in ospedale. Quel ritmo aveva accompagnato Matteo fino alle scuole medie: si aggiungevano le ore di psicomotricità e di musicoterapia per aiutarlo a uscire dal suo guscio, a relazionarsi un po' di più, a imparare a non avere paura degli altri. Nel frattempo, era arrivata una diagnosi più precisa: autismo.

Enrico e Luisa non ne furono sorpresi: rimasero anzi sollevati dal poter dare un nome alle tante stranezze del loro ragazzo. Matteo aveva quattordici anni, era grande e grosso, la sua frase preferita era: «Voglio giocare con gli altri», e i suoi genitori non erano intenzionati a chiuderlo in casa. Gli specialisti spiegarono che, se adeguatamente seguito, quel ragazzo avrebbe potuto costruirsi una vita autonoma. E loro avrebbero fatto qualsiasi sacrificio pur di accompagnarlo a un futuro che fosse più indipendente e più bello possibile. Così, lo iscrissero alla scuola superiore e scelsero Agraria pensando che, chissà, magari in futuro avrebbe potuto ambientarsi in una fattoria, un'azienda agricola o dove ci fossero da curare gli animali e lavorare la terra. Il giorno del diploma fu festa grande, perché Enrico e Luisa sapevano che una parte di merito per quel risultato era anche loro e che tanta fatica, tante lacrime, tante notti in bianco e tante paure avevano portato a qualcosa di buono per il loro figlio. Aiutato anche dalla scuola, Matteo aveva cominciato uno stage in un supermercato e intanto continuava ad allenarsi in una squadra di pallavolo, il VeroVolley di Monza: alto come era diventato, riusciva a murare anche gli schiacciatori più forti. Lui alzava le mani, intuendo la direzione della palla che così tornava secca nel campo avversario. E a ogni punto, i compagni gli si stringevano intorno: «Matteo, sei il nostro gigante!».

Anche quella sera di dicembre avrebbero dovuto essere a una partita, ma Matteo aveva qualche linea di febbre e aveva dovuto rassegnarsi a stare a casa. Ora dormiva protetto da una Tachipirina 1000, mentre i suoi genitori stavano guardando quella trasmissione che avrebbe cambiato la sua e le loro vite. Anche quella di Gaia, la figlia maggiore, capace di grande attenzione amorevole nei confronti di quel fratello che però aveva inevitabilmente condizionato anche la sua esistenza. «Una pizzeria per ragazzi autistici? Luisa, ma questo è il posto per Matteo.»

Nel discorso per la finale di *Tú sí que vales*, a Enrico era parso che Acampora si stesse rivolgendo direttamente a lui: «Non vi chiediamo di votarci perché noi non siamo artisti. Vi chiediamo però di ascoltarci e di ascoltare tutte le persone autistiche». Avevano votato loro, ovviamente, ed erano andati a letto con un solo obiettivo in testa: trovare il modo per agganciare PizzAut.

Il contatto atteso sarebbe arrivato proprio dalla presidente della squadra di pallavolo, che aveva incrociato Nico durante uno dei suoi «Assaggi di PizzAut»: Enrico scoprì che stava per partire un corso per pizzaioli a Vimercate, riuscì a mettersi in contatto con Acampora e portò Matteo alla prima lezione. Il resto avvenne con una inaspettata naturalezza. Enrico, anche per la sua indole schiva, restava in disparte, chiacchierava con gli altri genitori, fidandosi completamente di Nico e di quello che proponeva a Matteo. Il figlio intanto cominciò a maneggiare panette, preparazioni e pala da forno con una sicurezza e con una padronanza che aveva soltanto lì.

Iniziarono a fare esperienze itineranti appoggiandosi a pizzerie: quella sera, stavano lavorando a Bergamo, Nico si avvicinò a Enrico. «Mi dai una mano a seguire quei due ragazzi?» chiese all'improvviso indicando un paio di magliette rosse, quelle di Francescone e di

Lollo. «Cosa devo fare?» «Dagli un occhio, fai come se fossero Matteo.»

Enrico non aspettava altro. Per indole, non era tipo da restare con le mani in mano ma aveva troppo rispetto per Acampora per farsi avanti anche se in un paio di circostanze aveva già pensato che quell'uomo si stesse sobbarcando troppe responsabilità tutte insieme, e che magari qualche scatolone avrebbe potuto trasportarlo lui su e giù dal furgoncino. Ora gli affidava un compito ancora più importante: «Fai come se fossero Matteo» significava che si fidava di lui e gli affidava il cuore del progetto: i ragazzi. «Conta su di me.» Enrico avrebbe mantenuto la promessa e non sarebbe stato prezioso soltanto quella sera. Sarebbe diventato cruciale ogni volta che ci fosse stata una necessità: bulloni da avvitare, forni da rimontare, bombole del gas da far funzionare. Le sue competenze da meccanico sarebbero state molto utili e non sarebbe stato solo quello. Enrico sarebbe diventato riferimento in molti momenti decisivi e di difficoltà del percorso: «Nico, risolveremo anche questa». Il loro rapporto sarebbe sfociato in un'amicizia che continua ancora oggi, coinvolge le rispettive famiglie, porta ad avventure, pensieri, progetti e vacanze condivise. Nico avrebbe imparato che a Enrico avrebbe potuto delegare anche responsabilità più importanti e avrebbe superato la sua innata tendenza ad accentrare ogni cosa. Ed Enrico lì dentro avrebbe costruito, sempre insieme a sua moglie Luisa, una nuova famiglia in cui quei ragazzi, tutti quanti, sarebbero diventati i «suoi» ragazzi: Enrico sarebbe stato sempre pronto ad abbracciarli, a consolarli, a rassicurarli, a festeggiare ogni ostacolo superato. PizzAut, la famiglia in cui mettere mani, testa, cuore.

Ti va di servire le nostre pizze?

Eccoci.

Siamo pronti a iniziare il 2018, oggi è il 4 gennaio, con la prima trasferta fuori Lombardia. Il doppio passaggio al programma della De Filippi, a settembre l'esordio e a dicembre per la finale, ci ha portato una notorietà inattesa: la misuro dai like e dalle condivisioni a ogni post su Facebook, dai genitori che mi contattano per poter partecipare al progetto, dai ristoratori che mi propongono di fare una serata nel loro locale.

Affrontare un viaggio è una difficoltà ulteriore ma è anche un'occasione per conoscerci meglio, per vedere come i ragazzi reagiscono alle novità, per strappare un segreto in più su come si manda avanti un locale. La formazione tipo in questa fase vede al lavoro Matteone, Lollo, Francescone e Lorenzo il Teppa. Sempre presente anche Matteino che ha un talento speciale per gestire gli impasti e che è cintura nera di taekwondo, un'arte marziale coreana che pratica a livello agonistico: ai campionati italiani paralimpici ha vinto la medaglia d'argento ed è talmente bravo anche con i più piccoli che è diventato istruttore. È entrato nella famiglia di PizzAut anche Leonardo, insieme a sua mamma Marzia: l'ho soprannominato il Conte perché di tutti i ragazzi è quello con il portamento più elegante, frutto non soltanto di una educazione rigorosa ma anche di un modo connaturato di camminare, presentarsi agli altri, stare a tavola, salutare, portare una pizza. Poi c'è Andrea, con suo papà Giulio, che ha deciso di imparare a suonare il violino come il protagonista di uno dei suoi videogiochi preferiti: così, da zero e senza avere mai studiato una nota musicale. E il bello è che ci sta riuscendo. Il gruppo dei Magnifici Otto si completa con Gabriele che legge qualsiasi libro gli arrivi sottomano anche se la sua passione è la storia: una volta stavamo andando a uno dei nostri eventi in via Nino Bixio e il Teppa mi ha chiesto chi fosse 'sto tipo con il cognome strano. Non ho neppure avuto il tempo di aprire il cassetto dei ricordi scolastici che Gabriele ha cominciato la lezione: «È stato un rivoluzionario del Risorgimento italiano, nato nel 1821, si chiamava Gerolamo e Nino era il suo soprannome...». Siamo rimasti tutti a bocca aperta ad ascoltarlo e alla fine abbiamo deciso: «Gabriele, da oggi per noi ti chiamerai Wikipedia».

Accanto a me c'è sempre Stefania, ed è proprio con l'aiuto di Giandomenico, un suo amico d'infanzia che vive a Policoro, a pochi chilometri da Matera, e che ha contatti con una sezione locale dell'Associazione nazionale delle famiglie e persone con disabilità intellettive e disturbi del neurosviluppo, che riusciamo a esordire fuori dai confini lombardi.

La generosità di quest'uomo e della sua famiglia è senza limiti, non ascolta ragioni e ci ospita in undici a casa sua: adulti mai visti prima, ragazzi autistici con bisogni non sempre comuni. Una condivisione di spazi che porta confusione e allegria. Con la moglie Annarita spadella per tutti, ci porta a visitare la città e i ragazzi passano anche qualche ora in spiaggia, davanti a un mare che mi rilassa e mi carica per la serata di gala. Di gala sul serio: appena varchiamo il cancello della villa che ci ospita mi rendo conto che le nostre divise, la maglietta rossa di PizzAut, stride abbastanza con lo sfolgorio di paillette e smoking che vedo arrivare. Donne ingioiellate e uomini profumati più delle loro mogli ci fanno ala mentre entriamo nel salone. Ci sono anche le autorità del posto, sindaco, capitano dei carabinieri, un paio di sacerdoti e un vescovo: tutti lì per ascoltare il mio, il nostro sogno e assaggiare la nostra pizza che adesso profuma di questa terra di Basilicata. Gli applausi ci avvolgono di affetto sincero e comincia il servizio a tavola quando una delle organizzatrici avvicina mia moglie. «Lo vedi quel ragazzo, Stefania?» «Quello seduto in disparte con quella signora anziana? Non ha aperto bocca tutta la sera, ti sei accorta anche tu?» «Sì, ho notato anch'io che sembra molto a disagio. In paese dicono che abbia dei problemi e credo che sia la prima volta che esce di casa non so da quanto tempo... Forse è qui perché sapevano che avremmo parlato di autismo e aver visto Nico e i ragazzi in tv ha dato coraggio anche alla sua famiglia.» «Coraggio? In che senso?» «Stefania, da noi questo tipo di disturbi viene vissuto ancora con molta vergogna e le persone autistiche o con disabilità in genere spesso vengono tenute in casa proprio per non farle vedere in giro... per evitare pettegolezzi, maldicenze. Capisci la mentalità da Medioevo?» «Ma è terribile! Ancora, nel Duemila? Non ti dico che da noi non ci siano ancora sguardi, qualche risatina, molti imbarazzi. Però non siamo più al livello delle persone segregate fra le mura domestiche, questo no...» «Lo vedi? Ecco perché vi abbiamo chiesto di venire. Da noi c'è un grande bisogno di mostrare un modo diverso di vivere e affrontare la disabilità, bisogna parlare dei diritti delle persone con disabilità, della necessità di sostenere le famiglie per costruire un durante e un dopo di noi che garantisca dignità di vita.» «Hai proprio ragione. Ma tu sai come si chiama quel ragazzo?» «Pietro.» «Andiamo.» «Andiamo dove? Stefania, cosa stai facendo, aspetta!»

Stefania, che quanto a sfrontatezza non è seconda a nessuno, è già al tavolo. «Pietro, ciao. Io sono Stefania di PizzAut. Hai voglia di provare a servire le nostre pizze?» La domanda gela per un attimo tutta la sala e centinaia di occhi si concentrano su quell'incontro così improbabile. Cosa succederà? Per uscire dall'imbarazzo mi avvicino e tolgo il mio grembiule: «Metti questo, vieni che ti mostro come si tiene in mano il piatto, fai come gli altri ragazzi». Pietro sorride. Per una sera anche lui è un cameriere di PizzAut.

Torniamo a casa esausti e con Giandomenico continuiamo a parlare di quanto l'esempio valga più di tanti discorsi, ma anche di quanto la tv e i social siano potenti e possano contribuire a modificare una mentalità. Il giorno dopo in treno sfoglio la mia agenda. La prossima tappa sarà Ischitella, andiamo in Puglia e questa volta portiamo i ragazzi in aereo: ne ho già parlato con i genitori e abbiamo vinto tutte le loro, comprensibili, titubanze. Partirà con noi anche nostro figlio Leo, e ne sono davvero molto contento.

Nei pochi giorni che ci separano dalla partenza mi consulto anche con una psicoterapeuta perché temo che lo spazio chiuso e l'idea di essere in volo possano agitare troppo qualcuno dei più sensibili. «Parlane prima e spiegalo come un gioco, inventatevi delle simulazioni a casa stando già insieme» mi suggerisce.

Così facciamo e facciamo di tutto perché quel volo divenga un'esperienza giocosa. Ma ora che sono arrivato al gate sento le mani sudate e il cuore mi batte a velocità anomala. Cerco di pensare positivo: «Andrà tutto bene» mi ripeto mentre ci mettono in fila per il controllo di biglietti e documenti. Qualche testa più in là, cerco lo sguardo di Enrico che viaggerà con noi e lui mi strizza l'occhio: «Andrà tutto bene» mi rassicura leggendomi nel pensiero.

Eccoci, siamo a bordo. Le hostess aiutano i ragazzi a sistemarsi, anche loro ci riconoscono e anche alcuni dei passeggeri si danno di gomito: sì, siamo quelli della De Filippi.

Siamo seduti, cinture allacciate e comincia il rollaggio.

Da una delle prime file si alza Francescone, che con il suo vocione baritonale mi si rivolge a metà tra lo spaventato e il divertito: «Nico, ho realizzato adesso che io non ho mai volato. Ma se casca l'aereo, posso venire ad abbracciarti?». Le risate generali stemperano la tensione, che credo non sia soltanto mia e dei ragazzi. «Certo, Francescone, prima di cascare ci abbracciamo. Ma noi preferiremmo non cascare, vero?»

A metà volo, e sta andando tutto bene, mi alzo e mi dirigo verso il bagno per accompagnare Leo. In fondo, un po' separati dal resto dell'abitacolo, mi raggiunge un giovane uomo che mi abbraccia commosso: «So che non sono bellissimo, ma addirittura piangere mi pare troppo» butto lì per vincere l'imbarazzo. «Signor Acampora, io ho un fratello autistico e mi vergogno sempre a portarlo in giro. Ma quando l'ho vista in tv, ho capito che non devo aver paura di nulla.» «Bravo, anche perché poi le reazioni sono meno drammatiche di come ce le aspettiamo: cosa avete fatto insieme?» «Siamo andati al cinema. Lui si è messo a fare un po' di casino, non stava in silenzio perché voleva alzarsi per andare a comprare altri popcorn. Ma ho pensato che, se i ragazzi autistici consegnano le pizze al tavolo, mio fratello avrebbe potuto vedersi un film. E così ho affrontato la situazione senza scappare, mio fratello con un po' di pazienza si è tranquillizzato, si sono spente le luci e abbiamo visto il film fino alla fine. Nico, non era mai successo!»

A Ischitella restiamo tre giorni e abbiamo già organizzato due serate in due locali diversi e un incontro con le scuole. Nel frattempo, infatti, hanno cominciato a chiamarci per parlare di noi anche nelle classi delle scuole medie e delle superiori: niente margherite e capricciose, qui racconto cos'è praticamente l'inclusione, discutiamo di diritti e doveri e soprattutto rispondo a tantissime domande sul progetto della pizzeria. Sono ore che corrono via veloci perché il mio mestiere resta quello dell'educatore e in mezzo ad adolescenti e giovani sono sempre a mio agio, anzi ricevo un'energia e una carica che mi servono per tutte le altre ore della mia giornata.

Questa sera in pizzeria c'è davvero tantissima gente e all'ingresso hanno anche appeso una locandina con il mio faccione e il logo di PizzAut scritto a caratteri cubitali. I ragazzi cominciano il servizio e intanto ho già adocchiato un giovane evidentemente autistico in piedi vicino alla porta della cucina. Impossibile non notarlo perché è agghindato come un classico metallaro degli anni Ottanta, vestito di nero e di borchie, con collane pesanti al collo e almeno un anello su ogni dito, pollici compresi. Sua mamma mi avvicina: «Mio figlio è autistico e vorrei che provasse a entrare nel vostro progetto». «Possiamo provare: l'unica cosa è che anche i ragazzi sanno che per servire a tavola bisogna essere in ordine e rispettare le regole dell'igiene. Quindi, tanto per cominciare, non si possono indossare anelli.» «Immaginavo, ma questo è il problema. Il mio Antonio non se li toglie mai. Mai.» «Cerchiamo un modo.»

Mentre mi avvicino ad Antonio, mi viene un'illuminazione: mi sfilo dal dito la mia fede nuziale e la appoggio sul tavolino. «Ciao, Antonio, hai voglia di provare a essere per questa sera uno dei ragazzi di PizzAut? I tuoi anelli sono bellissimi, me li fai vedere?

Io ti do il mio, guarda è qui sul tavolino: ti piace?» Lui ci pensa qualche secondo e poi comincia a liberarsi di tutto quel metallo. Con le mani finalmente libere e senza guardarmi negli occhi, mi parla: «Voglio essere di Pizz-Aut anche io». E finalmente indossa il grembiule.

La trasferta pugliese è utilissima anche per aggiungere nuovi asterischi sul mio quaderno del futuro pizzaiolo. Proprio a Monza prendo appunti che mi studio mentre torno a casa, la persona che su questo mi è più utile è Eugenio Galbiati della pizzeria del centro, una delle più note della città: gironzolando nel suo locale e grazie ai suoi preziosissimi suggerimenti capisco ad esempio che per le bevande non avremo un bar tradizionale, ma un bancone di transito in modo che io possa vedere i ragazzi e loro vedano me. Lì metteremo le spillatrici di bevande e birra e le bottiglie e i bicchieri. C'è poi il problema del caffè: facendo un po' di prove, con Eugenio ci rendiamo conto che quel movimento di polso per agganciare i portafiltri è troppo complicato per i ragazzi. E non è tutto: le lance che scaldano il latte o l'acqua sono pericolose quando diventano bollenti. Anche l'altro mio amico pizzaiolo, Stefano di Cernusco, mi fa desistere dall'idea di comprare le macchine tradizionali e mi indirizza su un piano B: andiamo insieme da una azienda che realizza macchine da caffè con cialde e che produce una miscela di qualità altissima, per compensare il fatto che non possiamo contare sul macinato. Sia Eugenio che Stefano si appassionano al progetto e ci danno consigli preziosissimi per impostare cucina e sala. Sono professionisti in gamba ma soprattutto sono diventati amici di PizzAut e dei ragazzi.

Altra questione da definire sono i bagni: noi di PizzAut predichiamo l'inclusione e l'inclusione passa anche dall'utilizzare tutti lo stesso bagno. Nessun locale per persone con disabilità, insomma, ma spazi ampi adatti a persone normodotate e a persone con carrozzina o con altre disabilità. Durante gli «Assaggi di PizzAut» capisco che anche luci e suono possono ostacolare i ragazzi: i nostri locali devono essere insonorizzati perché quel continuo rumore di fondo e il vociare fuori controllo possono spaventare gli autistici. Vorrà dire investire molti soldi, lo so bene, ma non posso rinunciare agli accorgimenti che renderanno più agevole il lavoro dei ragazzi. Come la questione dei tavoli: sera dopo sera ci accorgiamo che per alcuni di loro lasciare i piatti sul tavolo è difficile, non riescono a percepire lo spazio e spesso gli appoggi sono inesistenti perché piatti, cestini da pane, oliere e il resto ingombrano tutta la superficie. L'idea della riga rossa, rossa come il colore delle nostre magliette e del nostro logo, mi viene proprio per risolvere il problema. I nostri tavolini saranno tutti numerati e saranno un po' più grandi delle misure standard perché una riga rossa delimiterà la striscia davanti alla quale i nostri camerieri si metteranno a presentare il menù e all'interno della quale potranno appoggiare piatti o vassoi con le bevande.

So anche che dovremo fare attenzione al tema della sostenibilità ambientale e ci penso mentre guardo in tv l'immagine di questa ragazzina con le trecce, Greta

Thunberg, che si è piazzata davanti al Parlamento svedese con un cartello che tradotto in italiano recita «Sciopero della scuola per il clima».

Ormai sono settimane che ogni venerdì si ripetono queste manifestazioni studentesche che come un contagio dal Nord Europa sono arrivate anche da noi. Persino Giulia in casa ha cominciato a lamentarsi se tengo aperta l'acqua del rubinetto mentre mi lavo i denti.

Non è una protesta fine a se stessa, capisco che i nostri ragazzi ci vogliono richiamare alle nostre responsabilità. Capisco anche, da educatore e da genitore, che questa ragazzina di cui tutte le tv del mondo si stanno occupando ha uno sguardo che ho visto altre volte. Quando leggo che a tredici anni le era stato diagnosticato l'Asperger, insomma, non mi stupisco.

Mi trovo a guardare un po' di nascosto il mio Leo e a rivedere in lui alcuni dei tratti descritti dai giornali a proposito di Greta: il mutismo selettivo, il disturbo ossessivo-compulsivo. Termini medici che a tanti non dicono nulla e che per me e Stefania sono pane quotidiano. Leo sta crescendo e le sue difficoltà sono più evidenti: ha problemi cognitivi e di verbalizzazione e io e mia moglie lo facciamo seguire da specialisti. Tutto con strutture e professionisti privati, quindi a pagamento, per lo più, perché se hai un figlio autistico puoi contare su alcune ore di logopedia e di psicomotricità passate dal servizio sanitario. Ma se le esigenze sono diverse da queste, devi far fronte alle spese con il tuo portafogli: in questi anni ho già incontrato genitori che si sono indebitati pur di garantire supporti adeguati ai figli e arrivi facilmente alle decine di migliaia di euro da mettere sul tavolo di volta in volta, settimana dopo settimana, mese dopo mese. E chi non ha le risorse cosa fa? Noi siamo fortunati, ogni sacrificio compiuto per Leo ha senso, e in questo ragioniamo come ogni mamma o papà nella stessa situazione. Farei tutto per vederlo più a suo agio con le persone: intanto però l'esercizio su cui continuo ad allenarmi è accettarlo così, amarlo così. Ogni volta è una prova, soprattutto appena si esce dalle mura domestiche e devi affrontare anche gli sguardi e i giudizi degli altri.

Ho in testa la sensazione che avevo provato la prima volta in cui mi ero trovato con Leo in una sala cinematografica. Davano *Frozen* e pensavo che quel cartone avrebbe appassionato il mio bambino. Sapevo che era un azzardo perché la prima volta che avevamo affrontato il film, con tutta la famiglia, come si erano spente le luci ed era partita la pubblicità con quel volume così alto, Leo aveva cominciato a piangere e non eravamo stati in grado di calmarlo.

Così, prima ancora che finissero i trailer del «coming soon», avevamo preferito rinunciare al nostro programma ed eravamo usciti dalla sala cercando di giustificarci con Giulia e promettendole che saremmo tornati soltanto con lei in un'altra giornata.

Alla cassa avevamo spiegato che non potevamo restare a causa del volume troppo alto ma i soldi per quel film di cui non avevamo visto neppure i titoli di testa non ci erano stati restituiti. Una doppia fregatura, insomma.

Erano passati alcuni anni in cui i film ce li guardavamo dal computer, ma quel fallimento non mi era andato giù. Così eravamo tornati per quel nuovo film della Disney che stava riscuotendo grandissimo successo. *Frozen*, appunto.

Leo aveva la spada laser con sé, pronto a sguainarla per aiutare la principessa, e io avevo fatto incetta di popcorn e bevande per affrontare eventuali crisi e all'inizio era andato tutto bene. Fino al momento in cui Anna era rimasta vittima dei gelidi poteri magici della sorella Elsa e Leo, no, non l'aveva presa per nulla bene. Prima aveva cominciato ad agitarsi sulla poltrona, poi a emettere urletti di disappunto e alla fine era arrivato il pianto a dirotto. La platea era rimasta ammutolita: qualcuno aveva simpaticamente consigliato di portarlo a casa perché disturbava. Ma io avevo avuto la sensazione che molti avessero capito la situazione e così avevo resistito. Cercando di tranquillizzare Leo, il film era proseguito e quando finalmente la principessa si era liberata da quel maleficio di ghiaccio, Leo aveva istintivamente cominciato ad applaudire trascinando nello stesso gesto liberatorio anche parti di pubblico che avevano inneggiato al lieto fine: ma forse un po' anche al mio bambino.

Un piccolo successo insomma. La vita con Leo è ogni giorno così. Piccoli passi in avanti, qualche arretramento, momenti di serenità e altri di sconforto. Spesso mi accade di svegliarmi nel cuore della notte e penso a Leo, penso a PizzAut e mi chiedo: «Ce la faremo?».

Ma c'è poco da pensare, quando si deve solo andare avanti.

Troveremo una soluzione

«Stefania, ma come faccio a nascondere questo aggeggio? Non mi passa la manica della camicia e non posso presentarmi all'inaugurazione con una maglietta.» «Aspetta, prendi quella bianca che è in fondo al cassettone: l'avevi messa da parte perché era larga ma oggi viene utile a risolvere il problema.» «E se invece togliessi tutto quanto, che ne dici?» «Nico, i tuoi ultimi esami del sangue erano disastrosi, la tua pressione è alle stelle e il medico è stato chiaro: bisogna fare accertamenti per individuare la terapia giusta. L'holter che hai addosso serve a quello e dobbiamo riconsegnarlo nel pomeriggio, quando sarà finita la cerimonia. Hai sposato una infermiera quindi no, non togli un bel niente, non ci provare.»

Il misuratore della pressione sibila e riparte. Mi fermo come mi hanno spiegato in ospedale e aspetto che la macchina concluda il suo pompaggio. Certo, non sarà il massimo partecipare alla posa della prima pietra del ristorante di PizzAut con questa cintura al braccio. Ma sono così felice per il via dei lavori che non me ne renderò neppure conto. Io no, ma temo che il diagramma della pressione non sarà così attendibile...

29 luglio 2019, la data è cerchiata in rosso sul calendario della cucina e non soltanto perché è il mio quarantottesimo compleanno: questa è la mattina in cui il sogno comincia a prendere davvero forma.

Non smetterò mai di essere grato a chi ha avuto fiducia in noi e a tutta la comunità di Cassina de' Pecchi che sta condividendo questa follia. La prima pizzeria gestita da ragazzi autistici nascerà in questa cittadina poco distante da Milano, protetta dalla confusione della metropoli ma vicina alle comodità e ai servizi che offre il capoluogo: poche fermate di metropolitana e uscendo dal mezzanino, se guardi per aria, scorgi la Madonnina arroccata sopra le guglie del Duomo. Quindici chilometri lontano e vicino a quel monumento luminoso di pietà e forza popolare risplenderanno i miei ragazzi. Dove c'erano gli stabilimenti di Nokia e grazie a un piano particolareggiato che vuole offrire spazi di condivisione e ristoro a un passo dalla strada provinciale, avremo il nostro locale da 100 coperti con la cucina che abbiamo immaginato e progettato in ogni minimo particolare. I tavoli numerati con la riga rossa, i grembiuli con il nostro logo, i genitori che si presteranno a fare da volontari.

Noi siamo pronti. Ora tocca all'impresa costruttrice, Officine Mak, con cui abbiamo chiuso un accordo straordinario per la progettazione degli spazi e poi il contratto d'affitto. Anche loro credono in PizzAut e si mostrano molto disponibili per la realizzazione di questo strano ristorante che costruiscono con grande passione e generosità.

Dopo il mio saluto, in quel buco dove è incastonata la pietra miliare di PizzAut, un palo di cemento che una gru fa appoggiare dall'alto, i ragazzi lanciano i bigliettini con i pensieri che dedicano a questa impresa, con le loro speranze, i loro desideri e le loro paure. Francescone scrive che spera un giorno di poter offrire un pranzo al ristorante ai suoi genitori; Andrea che suonerà il violino nel locale; Matteone sceglie una sola parola, «lavoro», e non so chi ha riempito un post-it di cuoricini rossi. Volano fogliettini mentre intorno a noi si sono radunate tutte le persone che si sono passate parola attraverso i social e che sembrano in questo modo volerci far sentire il loro affetto. Sono travolto da un'onda di emozioni che dubito quell'holter riuscirà a comprendere. Intravedo Leo in mezzo alla folla, aggrappato alla sua spada laser, e quando incrocio il suo sguardo mi sorride: forse sa già che stiamo facendo tutto questo per lui e per gli altri ragazzi come lui. Stefania piange, Giulia mi abbraccia forte anche lei sopraffatta da quella ressa inattesa, dagli applausi, i flash dei fotografi e i giornalisti che fanno domande.

Il cantiere è partito e prevediamo di poter tagliare il nastro il 2 aprile 2020, in concomitanza con la Giornata dell'Autismo. Non ci accontentiamo di illuminare di blu i palazzi comunali: noi firmeremo contratti di lavoro.

Le serate nei locali della zona continuano e anche gli incontri con le scuole, per spiegare agli studenti cos'è l'autismo, cos'è l'inclusione e come si possono mettere in pratica davvero gli articoli della nostra Costituzione. Se l'Italia è una Repubblica fondata sul lavoro, perché non mettere ogni cittadino nelle condizioni di poter lavorare? Il nostro progetto è sempre più solido e si sta rafforzando intorno a noi un gruppo di genitori sempre più attenti e disponibili. Mi sento un po' meno solo e sono anche diventato amico degli operai bergamaschi del mio cantiere: ogni volta che posso, al mattino butto un occhio da loro e me li coccolo un po' portando i cornetti freschi per la colazione. Mi affeziono ad Angelo: marcato accento orobico, mani come badili, un metro e novanta per almeno cento chili e un cuore altrettanto enorme.

È lui un giorno a dirmi: «Ho fatto decine di cantieri, ma questo è il primo che faccio con il cuore».

Abbiamo appena festeggiato l'arrivo del 2020 quando proprio Angelo mi dice che quella storia che sta andando in qualche servizio di telegiornale, quella che parla di un'influenza che sta mietendo vittime in alcune città della lontana Cina, sta bussando anche alle nostre porte. Lo chiamano Coronavirus, vuoi vedere che beccherà anche qualche bergamasco? Ne parlo con Stefania che stando in ospedale sicuramente avrà informazioni più precise. Lei da qualche settimana ha cominciato a usare la mascherina e ne ha portate a casa anche per noi. Ma dai, addirittura le mascherine...

Il 9 marzo ascoltiamo, come tutti gli italiani, la frase del premier Giuseppe Conte che segna l'inizio di un dramma collettivo, mondiale: «Saranno da evitare gli spostamenti salvo tre ragioni: comprovate questioni di lavoro, casi di necessità e motivi di salute». Si chiama lockdown, significa che siamo chiusi in casa: vallo a spiegare a un ragazzo autistico. «Nico, morirò di Covid senza mai avere lavorato.» Il vocione stranamente mogio di Matteone al telefono mi ha davvero scosso. In queste prime settimane di chiusura sto cercando di fare videochiamate con i ragazzi: erano così emozionati per la vicina apertura della loro pizzeria e così ansiosi di poter cominciare un mestiere e ora, a un mese da quell'atteso taglio di nastro, si trovano blindati in casa, spaventati dalle immagini che vedono in tv, dall'incubo di un virus maledetto che continua a portarsi via persone, dal vuoto spettrale delle strade.

Una situazione angosciante che a fatica sopportiamo noi, normotipi: figuriamoci cosa comporta su un ragazzo autistico che fatica a fare astrazioni e che tra le altre cose deve interrompere le terapie, le attività e tutta la routine che dona tanta sicurezza. Ogni settimana in meno a scuola, nel centro diurno, a praticare sport sono decine di passi indietro sulle competenze e le abilità acquisite con fatica e impegno. La didattica a distanza per questi ragazzi, soprattutto per quelli della scuola primaria come il mio Leo, non è efficace non per colpa degli insegnanti e degli educatori ma per la modalità in sé: ci proviamo e riproviamo con tutti i tipi di device, ma l'attenzione di Leo davanti agli schermi non dura più di pochi attimi. «Morirò di Covid senza avere mai lavorato» è però la dichiarazione di una angoscia ulteriore: quella di perdere la possibilità di sentirsi realizzati attraverso un contratto, un'assunzione, la normalità dei turni e dei riposi, delle responsabilità professionali.

Il Covid sta attraversando come uno tsunami tutte le famiglie e nella mia non va meglio. Io, che oltre tutto sono un ipercinetico, resto blindato come tutti e sono in ansia per PizzAut: il cantiere si è fermato a un metro dalla consegna perché giustamente il costruttore, oltre a dover seguire le nuove direttive del governo, vuole tutelare la salute dei suoi operai. La preoccupazione non è solo mia: ragazzi e genitori mi chiamano in continuazione per sapere se ci sono novità, ma io non ho risposte da dare. Costretto alla vita casalinga cui non sono mai stato abituato, non da figlio, non da marito e neppure da padre, devo in ogni momento trovare un modo per calmare Leo a cui non riesco a spiegare l'astrazione di un virus che non si vede, non si sente, non si percepisce in alcun modo, ma sta seminando tanto dolore.

Nella famiglia Acampora, poi, c'è un problema in più. Stefania lavora in Rianimazione all'ospedale San Gerardo di Monza. È una di quelle persone, medici, sanitari, personale ospedaliero tutto, che stanno cercando di tenere in piedi il Paese sacrificandosi con ore e ore di turni massacranti imprigionati nelle tute da astronauti e con il volto coperto da mascherine che lasciano segni indelebili anche quando finalmente riescono a tornare alle loro case. Donne e uomini che non chiedono «Perché io?» ma stanno rispondendo «Io ci sono».

Stefania avrebbe diritto alla 104, un'agevolazione di legge che spetta anche al personale medico e paramedico che ha famigliari con disabilità, e che ridurrebbe i suoi turni.

Ne abbiamo parlato il giorno che l'Organizzazione Mondiale della Sanità aveva ufficializzato il termine «pandemia» lasciando intendere che non era chiaro quando ne saremmo usciti. Stefania era stata, giustamente, categorica: «La 104? Nico, non posso farlo. Mi vergognerei davanti a tutti i miei colleghi...».

Così le ore in ospedale sono diventate ancora più lunghe e quando torna da noi, per ovvi motivi di sicurezza, deve isolarsi di nuovo: nessun contatto fisico, nessuna cena insieme, nessun gioco con i ragazzi. Saluti da lontano, tanti pianti e baci mandati con le mani dalla stanza dove dorme da sola. Io approfitto di questa situazione obbligata per recuperare tutte le ore che ho tolto ai miei figli e in fondo mi va anche bene essere «costretto» a stare con loro, a guardare i quaderni di Giulia, ad aiutarla a fare ordine nel suo armadio, a cucinare insieme, a inventare passatempi. Me li godo e cerco di non pensare che il mondo sta andando a rotoli e io non posso fare nulla mentre osservo mia moglie sempre più distrutta. Ma ci manca Stefania e Leo non se ne fa una ragione. Non parla bene ma le frasi le capisce perfettamente: «Papà, cosa ho fatto alla mamma? Perché non mi abbraccia più?». «Leo, mamma non è arrabbiata con te e ti vuole sempre tantissimo bene.» «Ma perché non mi abbraccia mai?» «Sai Leo, è cominciata una guerra con i Sith: il nostro Presidente Mattarella è a capo degli Jedi e la mamma sta combattendo contro l'esercito del Lato Oscuro.»

Mio figlio mi sorprende, come sempre: «Allora sconfiggiamo il Coronavirus e Dart Fener».

Le metafore con i personaggi di Star Wars sono le uniche con cui riesco a entrare in contatto con lui per spiegargli che qualcosa di molto grave sta accadendo e ha già trasformato la sua mamma in un'eroina. E in fondo non sono tanto lontano dalla realtà: dopo aver visto le immagini di Papa Francesco da solo in piazza San Pietro per la celebrazione del Venerdì Santo, circondato dal vuoto di un silenzio assordante, siamo tutti convinti che nelle corsie di ospedale e in ogni casa si stia combattendo una guerra contro un male oscuro.

L'immagine dei Sith che stanno minacciando il pianeta ha conquistato Leo e così ogni giorno con lui costruisco un pezzetto in più di questa storia parallela. Ne parlo anche ad altri genitori che mi chiedono consigli e suggerisco di provare a proporre storie semplificate ai loro ragazzi. Bisogna comunque trovare qualcosa da fare nel tantissimo tempo che trascorriamo nelle nostre abitazioni. Noi abbiamo la fortuna di avere un piccolo giardino, dove Leo (e anche Giulia) possono sfogarsi e divertirsi con un pallone e un po' di fantasia: ma per chi vive in appartamento l'isolamento è ancora più duro. Un tassello dopo l'altro, alla fine mi invento un gioco dell'oca con i personaggi di

Star Wars che propongo anche sui social e il web lo promuove.

Ma so che ancora non basta e nella testa mi torna sempre la voce di Matteone. D'accordo con i genitori, giriamo video dei nostri ragazzi che a casa continuano a fare prove di pizza e mettiamo tutto sul nostro canale di Facebook: Lollo confessa che non ne può più, ma intanto sta impastando, Matteone ci mostra il suo disegno di un arcobaleno, Francesco dichiara che vuole bene a tutti, Lory si fa riprendere con in mano il tricolore ma è commosso: «Mi mancate tanto amici di PizzAut». L'altro Matteo mostra alla telecamera della mamma come si mescolano farina, acqua e lievito, come si prepara il sugo di pomodoro, come si tagliano mozzarella e wurstel, e manda in forno la teglia con la sua pizza preferita; Leonardo invece si sta specializzando nei dolci e conclude, come fanno tutti i ragazzi, con il messaggio che rimbalza da una casa all'altra del nostro Paese: «Andrà tutto bene». Una sera decidiamo di mangiare una pizza in simultanea: così ci diamo tutti appuntamento alla stessa ora e il post di quella cena insieme e a distanza diventa virale e fa milioni di visualizzazioni.

Questi video e il nostro canale diventano un po' la lavagna collettiva cui affidare i pensieri e da cui attingere forza per sentirsi meno soli.

Bergamo non molla, ripetono i titoli dei giornali raccontando la città italiana più colpita. Ed è proprio uno degli operai bergamaschi a mandarmi il video, siamo ormai a maggio, della ripresa delle attività nel nostro cantiere: si vede già l'ingresso, le vetrate sono state disimballate, si stanno imbiancando gli interni anche se manca ancora una parte del controsoffitto. Certo, di qui all'apertura bisogna ancora aspettare anche perché nel frattempo molti ristoratori stanno facendo i conti con l'azzeramento delle entrate e i bilanci che non quadrano più.

Ma noi dobbiamo tornare a essere operativi e mi viene l'idea del food truck: se le persone non possono venire a mangiare la nostra pizza, gliela porteremo noi a casa loro. I ragazzi riusciranno a muoversi in uno spazio così piccolo? Decido di fare una prova, rispettando le norme anti-Covid, recuperando da un sito specializzato le misure del camper che potrei utilizzare e le riporto fedelmente nel giardino di casa mia, usando una corda che dipingo di rosso. Con un paio di telefonate organizzo la grande prova e arrivano a casa mia tre ragazzi con i loro genitori. Cerco di spiegare il progetto: «Immaginate che questo sia un camper». «Ma Nico, questo è un prato...» «Lo so Matteo, ma fai finta che sia un camper e che devi preparare qui la pizza.» «Nico, non posso preparare la pizza su un prato.»

Il ragionamento non fa una grinza e anche Leonardo e Andrea concordano con Matteo che quello sia soltanto un prato. Con un po' di pazienza e l'ausilio di fotografie che ho stampato spiego che in attesa di usare il nostro ristorante cucineremo su una specie di camion e porteremo le nostre margherite a casa dei clienti.

I ragazzi autistici hanno necessità di un dato concreto e reale e anche questa circostanza mi rimanda la loro difficoltà ad astrarre.

Poco convinti e nervosissimi, provano a destreggiarsi con mattarello e vassoi davanti a un tavolino e muovendosi all'interno delle corde rosse. È un autentico flop: stando alla simulazione, cadrebbero dal camper ogni due minuti e comunque si prenderebbero di continuo a gomitate e spintoni. Scambio occhiate con i genitori presenti che sembrano molto preoccupati dalla confusione e non abbiamo dubbi: «Non si può fare».

Ma tengo duro, il periodo che stiamo vivendo richiede un surplus di fiducia e speranza: «Proviamo lo stesso».

Grazie ai fondi ottenuti con un bando della Fondazione di Comunità di Milano e a un po' di soldi che abbiamo ancora a disposizione acquistiamo un food truck attrezzato con forno e banco di lavoro e che da oggi e per sempre si chiamerà PizzAutoBus. Discutiamo con i papà e i ragazzi su quali saranno le pizze da mettere in menù: faremo la Regina Margherita con i pomodorini freschi e la NapolAut con i friarielli e la salsiccia. Francescone propone la pizza «Sporcacciona» con la ricetta che ha inventato lui e che al pomodoro fresco e alla mozzarella fiordilatte aggiunge salmone e wurstel. Ma l'abbinamento è eccessivo e la «Sporcacciona» resterà un privilegio soltanto nostro per festeggiare la fine di ogni servizio.

L'esordio è nel giardino di casa mia, a Muggiò, i ragazzi sanno che a turno saranno due sul truck e tre o quattro a prendere le comande e consegnare le pizze. Mi faccio come sempre pubblicità sui social e le persone arrivano, forse anche perché siamo in una prima timida fase di ripresa di socialità, con tutte le precauzioni del caso, le mascherine, i contatti ridotti al minimo e l'aria aperta a proteggere da possibili contagi. Lanciamo l'idea del drive-in della pizza: vieni, ordini e usi il bagagliaio come tavolo da pranzo con le ruote. Un'idea stravagante che piace moltissimo ai bambini e quindi decidiamo di piazzarci nel grande parcheggio del nostro ristorante. Il locale è alle nostre spalle, quasi terminato, promessa di un sogno destinato ad avverarsi. Grazie alla potenza dei social, l'esperimento di PizzAut a domicilio prende piede e questa volta a contattarmi è Nicolò De Devitiis delle *Iene*. Con loro andiamo a consegnare le nostre pizze ad alcuni vip come Mara Maionchi, Fedez e Alessandro Borghese che dall'alto del suo ruolo in *4 Ristoranti* decreta: «Voto alla pizza da 1 a 10? 11!». Lontano dalle telecamere, chiacchiero qualche minuto con il grande chef: «Se questo è il progetto e difendi questa qualità di impasto e ingredienti, avrai sempre il ristorante pieno». Sentirlo dire da un gigante del mestiere come lui è bellissimo, ma io non sono così convinto...

Oltre ai volti noti della tv non possiamo non dimenticare i veri eroi di questi mesi fiaccati dal Covid: medici e operatori sanitari continuano a essere in prima linea. Io leggo ogni sera la stanchezza sul volto di Stefania e sono ammirato dall'abnegazione con cui continua giorno dopo giorno ad affrontare questo mostro. Lei e tutte le donne e gli uomini che si stanno sacrificando per il bene della collettività meritano un premio. Noi facciamo pizze, capisco che non è una medaglia particolarmente ambita. Ma è quello che sappiamo fare e lo facciamo con il cuore. Per questo con i ragazzi decidiamo di presentarci davanti ad alcuni ospedali della nostra zona, andiamo al San Gerardo di Monza, a Niguarda e a Cernusco. E siamo lì per regalare le nostre pizze alle operatrici e agli operatori sanitari: una pizza per dire grazie.

Davanti al food truck parcheggiato a Cassina, nel parcheggio del nostro locale, spesso si formano code di famiglie che approfittano dell'occasione per proporre qualcosa di diverso ai figli stanchi del clima di reclusione, delle mascherine, della didattica a distanza. Un giorno a pranzo vedo scendere dalla macchina un ragazzino smilzo e con una massa di capelli ricci che comincia a correre verso di noi: «Sono autistico anche io e ne sono fiero» urla. Suo padre lo rincorre: «Dante, Dante, fermati!». Riconosco Elio, il leader delle Storie Tese: mi era stato presentato a settembre durante l'inaugurazione di un supermercato «autism friendly» a Monza. Ci eravamo anche scambiati i numeri di telefono ma non mi aspettavo di vederlo qui con la sua famiglia. Dante, noncurante delle raccomandazioni del padre, è riuscito a intrufolarsi sul camion e dà il cinque ai ragazzi che stanno preparando le pizze: «Voglio imparare anche io» ripete. Elio è divertito da quel figlio incontenibile e io sono contento del fatto che lui riconosca il valore del nostro progetto. «Avete fatto bene a venire. Elio, ti chiederò una mano: guarda che tra pochi mesi inauguriamo la pizzeria.»

Già, l'inaugurazione.

Prima di raggiungere l'obiettivo ci sono ancora alcuni aspetti non esattamente marginali da affrontare, come quello delle fatture. Ho in mano una richiesta di pagamento da 120.000 euro. Io quei soldi non li ho, abbiamo dato fondo a tutti i risparmi di famiglia e i proventi del food truck non mi garantiscono cifre del genere. Mi ripeto che sono stato proprio un ingenuo quando ho cominciato, e che forse aveva ragione Stefania quando mi metteva in guardia sul pericolo di fare il passo più lungo della gamba. Insomma, sono qui come un idiota con in mano questo pezzo di carta e non ho proprio idea di come mettere insieme una somma simile. Mi sta montando l'angoscia, mi viene da piangere e c'è solo una persona che mi può aiutare. «Enrico?» «Nico, che faccia stravolta hai? Cosa è successo?»

Prima gli racconto una bugia per giustificare faccia e umore e mi invento un incidente perché vedo stanco anche lui. Ma insiste e allora cedo. «Guarda qui.» «Sono senza occhiali, non pretenderai che riesca a leggere?»

Il sorriso buono di Enrico mi scioglie e mi scendono due lacrimoni: «Devo trovare 120.000 euro». «Quanto abbiamo in cassa?» «Nulla.» «Troveremo una soluzione, non ti preoccupare, Nico.»

Torno verso casa un po' più leggero. Mi cercherò qualche sponsor, risponderò a qualche bando. Ha ragione Enrico, troveremo il modo. Il sogno non si può fermare.

Intanto a Cassina de' Pecchi l'insegna è stata montata e io la tengo accesa anche se siamo chiusi. Qualcuno passa di sera e condivide sui social la foto di quell'insegna illuminata nelle notti ancora di paura e solitudini. Ne parla un quotidiano e il riflesso ostinato della scritta diventa la luce di chi ha fiducia nel futuro: a sorpresa, ricevo una busta. Dentro c'è un biglietto con l'intestazione Presidente del Consiglio. Sotto, vergate a mano, poche parole: «Grazie per aver acceso la vostra insegna. Non spegnetela, abbiamo bisogno di semi di speranza». La frase è di Giuseppe Conte, il premier in carica. Guardo sorpreso la persona che mi ha fatto avere il messaggio: il mio amico Eugenio, Eugenio Comincini.

Eugenio

«Eugenio, ho bisogno di parlarti.» «Sono in Comune, vieni quando vuoi.»

Nico aveva telefonato a Eugenio Comincini, sindaco di Cernusco sul Naviglio, due giorni e due notti dopo aver ricevuto la diagnosi di Leo. Era ancora sconvolto, lasciava trascorrere le ore con la sensazione continua di avere sulla testa un macigno da una tonnellata, un peso che lo faceva vacillare, gli dava la nausea, gli toglieva il fiato.

Ogni tanto si fermava per ritornare con la mente all'incontro con la neuropsichiatra, al foglio che gli era stato consegnato. Cercava di ricostruire tutte le scene di quel film terribile per trovare un frammento cui aggrapparsi e poter dire «Si sono sbagliati»; riavvolgeva il nastro del colloquio sperando di avere ascoltato almeno un «forse», vocabolo che in realtà, fra i tantissimi usati in quella stanza, non era mai stato scandito. Poi davanti gli appariva Leo, che non parlava, che picchiava la macchinina sul pavimento, che piangeva. Nessun forse, soltanto un grande senso di impotenza.

Mentre si trascinava verso la scalinata del Comune, lui che quei gradini di solito li saliva a due a due sempre di corsa fra una riunione, gli impegni dei suoi centri, le mille iniziative delle sue frenetiche giornate, si chiese cosa avrebbe detto al sindaco per spiegargli che avrebbe dovuto diradare un po' le sue presenze in ufficio. Sfinito dal dolore di quei giorni, aveva aperto la porta cercando ancora di trovare il modo giusto per mantenere un contegno, ma il sorriso familiare e accogliente di Eugenio aveva fatto cadere ogni difesa. «Leo è autistico. Io non verrò al lavoro per qualche giorno.» Non era riuscito a finire la frase ed era scoppiato in un pianto dirotto. Più cercava di controllarsi e meno ci riusciva. Comincini si era alzato sconvolto dalla sua sedia, gli si era avvicinato e lo aveva abbracciato chinandosi verso di lui. «Nico, mi dispiace così tanto che tu stia male.»

Non era riuscito a dire altro e aveva pianto con lui.

In quell'abbraccio c'era la forza di un'amicizia cominciata da ragazzi. Entrambi originari di Cernusco sul Naviglio, entrambi iscritti all'Itsos Marie Curie, una scuola sperimentale dove già negli anni Settanta si praticava l'alternanza scuola-lavoro: qui il biennio correva uguale per tutti e poi il triennio si diversificava a seconda delle competenze e delle passioni che nei difficili anni dell'adolescenza chiedono tempo prima di venire alla luce. Uniti anche nell'esperienza forte di impegno civico, con le liste degli studenti e l'elezione, per entrambi, nel Consiglio d'Istituto. Uniti nei primi approcci con le ragazze, Nico molto più disinvolto, Eugenio più timido, e nelle chiacchiere alla sera sulla politica e il mondo da cambiare.

Anni e incontri dopo, si sarebbero ritrovati proprio in Comune: Comincini viene eletto sindaco nel 2007 dove dal 1995 Nico lavorava, prima come consulente e poi dal 2001 assunto come educatore e coordinatore delle politiche giovanili. Fra i tanti progetti che il vulcanico educatore aveva avviato con successo c'era stato quello del viaggio a Mauthausen con le classi delle scuole superiori. Comincini aveva deciso di partecipare, dividendo con gli studenti viaggio, panini, alloggi sobri ed emozioni.

La visita non fu soltanto una «visita», perché Nico l'aveva trasformata in esperienza con una drammatizzazione messa in scena con la cura di ogni dettaglio e quella mattina del gennaio 2008, con la nebbia che sembrava incupire ancora di più gli animi già pesanti di fronte alla prova dell'orrore, tutti erano diventati per un giorno deportati. Ciascuno aveva sperimentato il dolore della discriminazione, della separazione dai parenti, della privazione della dignità, della fame e della sete, della paura e della morte.

Nico aveva accompagnato la visita con la lettura di brani di Roberto Camerani, nativo di Cernusco e deportato per ragioni politiche, che era riuscito a tornare e aveva lasciato pagine a memoria della tragedia vissuta. I ragazzi si erano trovati immersi nella disperazione di quella storia e di tutte le storie passate da lì. Alla fine, la nebbia si era diradata per lasciare posto a un sole timido che sembrò essere la speranza affidata a quei giovani: riportate la luce, non permettete più che l'orrore si ripeta nella storia degli uomini.

Il sindaco Comincini era entusiasta del lavoro di Acampora e con lui si consultava spesso anche sulle vicende che riguardavano la loro città per condividere l'idea di ricerca del bene comune cui erano stati aggrappati fin da ragazzi e su cui ora si erano messi alla prova. Sapeva che poteva contare su di lui e sulle sue visioni e il loro rapporto di amicizia era sempre più solido. Conosceva Stefania, aveva visto i figli nascere e crescere e certo sapeva di qualche preoccupazione sulla salute di Leo: ma la notizia di quella diagnosi lo aveva colto di sorpresa e lo aveva scosso. «Devo fare qualcosa per Nico e per tutti i genitori di figli autistici» aveva promesso quella sera a sua moglie dopo aver accompagnato a letto i figli. Ma soprattutto quando diventi sindaco non puoi accontentarti del bene dei tuoi cari e resti sveglio per capire come garantirlo a tutta la tua comunità.

L'avventura era cominciata qualche tempo più tardi, nel 2016: anni ed esperienze dopo il drammatico incontro in ufficio con la notizia della diagnosi di Leo, Acampora era tornato da Comincini con uno spirito decisamente diverso. «Eugenio, ho deciso. Faccio una pizzeria per i ragazzi autistici. Saranno loro a lavorare in cucina e in sala, sarà una figata.» «Una pizzeria? Cosa ne sai tu di ristorazione?» «Eccone un altro, mi sembri Stefania. Non so cucinare un uovo, e allora? So fare progetti, so costruire un business plan, so risolvere le criticità e so fare squadra. Possiamo farcela, anzi ce la facciamo di sicuro ma tu devi darmi una mano.» «Lo sai, farò tutto quello che posso.» «Per ora stiamo girando nei locali a presentare il progetto e cucinare qualche pizza con un paio di ragazzi. Hai idee?» «Vieni in piazza a Cernusco, qui di fronte al Municipio: riesci a organizzare?» «Eugenio, volevo sentirmi dire soltanto questo. Organizziamo!»

Quella serata era stata un successo, anche perché Nico giocava in casa: erano arrivati i ragazzi dei centri in cui aveva lavorato, i cittadini di Cernusco, e il sindaco amico aveva addentato la prima fetta fumante.

Da allora l'idea di sostenere Acampora costruendo qualcosa di solido per i ragazzi autistici divenne un chiodo fisso e si trasformò in un obiettivo del suo mandato da senatore.

Eh sì, perché Comincini era stato eletto il 4 marzo 2018 nella lista del Pd e aveva iniziato il suo percorso parlamentare focalizzando l'impegno su diversi temi del sociale. Aveva sempre un orecchio attento al tema autismo e il 2 aprile 2019 intervenne in aula: la sera prima aveva scoperto sui social che lo chef Massimo Bottura, anche lui padre di un ragazzo autistico, aveva cominciato a Modena un'esperienza di impresa sociale coinvolgendo appunto ragazzi autistici per preparare i suoi tortellini, e aveva fondato l'associazione Il Tortellante. Ispirato da questa lettura, nei tre minuti che gli spettavano per gli interventi liberi Comincini aveva parlato di autismo, di PizzAut e di Tortellante e aveva provocato i colleghi: «Perché non li invitiamo in Senato? Se li ascoltassimo, forse potremmo legiferare meglio, non credete?».

Comincini non si era accontentato di quell'intervento e prese a sostenere la sua causa ovunque avesse occasione: ne parlò in tv, cominciò a raccogliere materiale su altre esperienze di altri mondi del Terzo settore e soprattutto decise di provare a insistere con la Presidente del Senato, Casellati. «Invitiamoli in aula» era diventata la «mission impossible» per cui avrebbe combattuto con ogni risorsa. Quella tenacia gli spalancò le porte dell'ufficio della seconda carica dello Stato, che evidentemente non era rimasta insensibile alla richiesta di attenzione richiamata anche in tutti quei post su Facebook di un tale comparso anche a una trasmissione di Canale 5, tale Nico Acampora. Il cellulare di Comincini era squillato una mattina che non erano ancora le otto: era il centralino del Senato che annunciava dall'altro capo la Presidente Casellati, che in poche ma calde parole gli annunciò la convocazione a Palazzo Madama di lì a qualche settimana.

Conclusa la conversazione con Casellati, Comincini aveva fatto istintivamente il numero di Nico. «Ciao, Eugenio, sei mattiniero.» «Nico, andiamo in Senato!» «Cosa?» «Mi ha appena chiamato la Presidente Casellati: il 9 luglio 2019 sarà una data memorabile. PizzAut e il Tortellante saranno a Palazzo Madama!» «Non ci credo...» «Credici, ma segnatelo in agenda: sei capace di sbagliarmi giorno...» Si era avviata presto la macchina dei preparativi. In Senato i ragazzi avrebbero dovuto cucinare: per i tortellini bastavano un fornello e un pentolone. Per la pizza invece serviva un forno: Comincini, ormai lanciato nell'impresa, contattò un amico di Napoli, Alessandro Condurro dell'Antica Pizzeria da Michele ai Tribunali. Come dire, la storia della pizza. Gli espose rapidamente l'opportunità e il problema della cottura e Alessandro risolse tutto in tre secondi: «Mettimi in contatto con PizzAut, posso precuocere le loro basi nei forni del mio locale di Roma e loro al Senato dovranno soltanto condirle con la loro salsa di pomodoro, la mozzarella e le loro guarnizioni».

Quella sera l'aula del Senato si gremì di eletti di tutto l'arco parlamentare: molti per stima nei confronti dell'impegno appassionato e disinteressato di Comincini, molti richiamati dalla fama di quei due marchi legati a uno chef stellato e a un uomo che aveva fatto commuovere Maria De Filippi e Gerry Scotti.

Nico Acampora ed Erika Coppelli del Tortellante avevano raccontato la loro attività mentre in quell'aula austera i giovani autistici con i grembiuli rossi e bianchi chiudevano tortellini e farcivano basi di pizza che poi avevano distribuito ai senatori come fossero clienti qualunque.

Il successo dell'evento fu enorme e per una volta non si limitò ad accendere il solito fuoco di paglia: Comincini aveva approfittato dell'emozione dei parlamentari di tutti gli schieramenti e con vari esperti aveva cominciato a ragionare su un disegno di legge che agevolasse l'ingresso nel mondo del lavoro delle persone autistiche, andando oltre gli obblighi previsti dalla legge 68. Obiettivo del disegno di legge era prevedere agevolazioni per chi assume almeno due terzi di persone autistiche e fissare il fatto che se hai diritto a una pensione di invalidità e vieni assunto, non perdi la pensione ma la sospendi: di modo che, nel momento in cui finisci il rapporto di lavoro, non sei costretto a ripetere l'intricato iter burocratico per il riconoscimento e l'assegnazione dell'invalidità.

Il provvedimento – come purtroppo accade spesso – era rimasto a lungo incagliato nei giochi di rimbalzo fra una commissione e l'altra, fra un'inefficienza e una scarsa volontà di andare fino in fondo. Comincini non si era certo arreso. Al termine di una seduta infinita aveva deciso di affrontare faccia a faccia il premier Conte: lo aveva rincorso e sapendo di avere pochissimo tempo a disposizione, in quindici secondi aveva colpito con le parole giuste l'attenzione del Presidente del Consiglio, oberato da tantissimi problemi sicuramente più urgenti, a partire dal Coronavirus: «Senatore, ne parli ad Alessandro Goracci».

Il capo di gabinetto della presidenza del Consiglio si mostrò subito molto sensibile al tema e soprattutto molto efficace nella operatività. Il 29 luglio 2020, un anno dopo la cena al Senato, fu organizzato un pranzo fuori da Montecitorio, dove era parcheggiato il PizzAutoBus con camerieri e pizzaioli Aut: in piazza si palesò mezzo governo e soprattutto, accompagnato da Goracci, arrivò Conte fotografato mentre addentava «la pizza più buona della galassia conosciuta», come gli era stata presentata e che era stata battezzata in suo onore dai ragazzi di PizzAut pizza Dpcm: «Senza dubbio il miglior Dpcm della storia del Paese» sentenziò Conte con una battuta entrata di diritto nella storia di PizzAut. Anche perché Gabriele, che come molti ragazzi autistici non ha filtri e non media sulle parole, gli aveva replicato a tono: «E non era difficile, Presidente». E alla fine, dopo diversi stop and go, legge fu.

Firmato dai capigruppo di tutti i partiti, il provvedimento era entrato nella storia della Repubblica dopo aver affrontato tre direzioni centrali, l'Inps, il Mef, la ragioneria di Stato.

Testardaggine, passione ed entusiasmo avevano fatto sì che un buon proposito non rimanesse soltanto tale ma si trasformasse in una norma che da quel momento avrebbe sicuramente aiutato chi avrebbe deciso di dare una chance e un contratto di lavoro a persone autistiche.

E il primo contratto sarebbe stato firmato qualche giorno dopo proprio alla presenza della Presidente del Senato, Elisabetta Casellati.

Uno degli abbracci più forti, significativi e liberatori del mattino dell'inaugurazione fu proprio quello tra Eugenio Comincini e Nico Acampora: l'impegno preso sui banchi di scuola era stato mantenuto.

Un pezzetto di mondo sarebbe cambiato.

Sobbalzi del cuore

«Nico, hai guardato dalla finestra? Ma quanto sta piovendo?» «Per me oggi potrebbe anche nevicare, resta una giornata meravigliosa.» «Ma certo che sarà una giornata meravigliosa. Però diluvia.»

Questo primo maggio passerà alla storia della nostra famiglia e di tante famiglie come le nostre.

Oggi apriamo PizzAut.

La notte non è stata tranquillissima: Leo è entrato nella nostra stanza urlando «PARURA!» e ha voluto dormire tra me e Stefania. Quando si è calmato e ci siamo tutti addormentati ho avuto un incubo: vedevo Leo adulto vivere nella cornice di un istituto, ma all'improvviso mi ha sussurrato «Papà Nico, non avere parura». La mia è una paura del cuore: so bene che nelle comunità tante persone ricevono cure attente e hanno una buona qualità di vita. Ma vorrei comunque poter pensare a qualcosa di diverso per Leo. Così mi sono svegliato e quell'incubo è diventato un sogno a occhi aperti ritmato dal respiro tranquillo di mio figlio accanto a me: ho sognato tanti ragazzi autistici che ridevano, ho sognato i ragazzi di PizzAut che lavoravano e diventavano esempio vero e concreto della Costituzione più bella del mondo e di quel diritto al lavoro e alla dignità che davvero diventa di tutti e per tutti.

Non è un sogno.

E adesso ci siamo.

Abbiamo lavorato tantissimo per arrivare qui e non saranno due gocce d'acqua a rovinarmi la sensazione inebriante che sento scorrere sotto la pelle. Oggi finalmente tagliamo il nastro della pizzeria e anche se sono da poco passate le sei del mattino, devo muovermi per andare a verificare che sia tutto in ordine. Gli ultimi controlli di poliziotti e carabinieri sono finiti ieri sera tardi: è stato bonificato il locale, abbiamo rivisto le norme del cerimoniale, i compiti dei volontari sono stati divisi alla perfezione.

Aspettiamo la Presidente del Senato Elisabetta Casellati e la presenza della seconda carica dello Stato impone una serie di norme, ispezioni, protocolli che non potevo neppure immaginare e su cui sono stato a mano a mano edotto in queste settimane dal Prefetto: mai avrei immaginato che un giorno mi sarei trovato ad aprire un ristorante e a preparare un'inaugurazione tanto complessa.

Ma non voglio farmi distrarre dalla cerimonia, perché la parte più importante, ciò che più mi sta a cuore, sono i ragazzi e oggi sarà la prima volta che lavoreranno nel nostro ristorante. In questi quasi due anni di «Assaggi di PizzAut» e di food truck li ho visti crescere anche nelle loro capacità e nelle competenze. Oggi però dovrò stare loro ancora più vicino perché saranno molto emozionati e perché avremo intorno un'enorme confusione con cui dovranno fare i conti.

Mentre sono in macchina ripasso mentalmente tutto quello che avrei dovuto fare e sono sicuro di essermi perso qualche pezzo. Si illumina il display e al semaforo rosso leggo velocemente il messaggio di uno dei ragazzi del service, quelli che s'occupano dei microfoni e degli amplificatori: «Nico, dobbiamo prevedere le coperture per le casse, noi stiamo arrivando. Tu dove sei?». Eccomi, sono qui e quella è la nostra pizzeria.

Parcheggio dietro al locale e con la coda dell'occhio vedo che sono già pronti alcuni papà: mi sa che la notte è stata in bianco per tanti. Ci sono le transenne da scaricare dal camion e vanno disposte per dividere gli ospiti: da una parte le autorità con una sfilza di uniformi che nella mia vita non ho mai visto tutte insieme, e poi i sindaci della zona, anche quelli dei Comuni dove risiedono i ragazzi che partecipano alla nostra avventura. In un'altra area potranno stare i genitori, in un'altra ancora giornalisti, fotografi e telecamere. Paola ha stampato l'elenco delle presenze confermate e dovrà occuparsi dell'accoglienza con un paio di mamme. A breve arriveranno i vigili che dovranno deviare il traffico e indicare i parcheggi disponibili, visto che quello di fronte al locale è interamente occupato dall'evento: per ragioni di sicurezza è stato chiuso anche il Burger King che sta qui accanto e loro, da veri amici, hanno spiegato sul loro sito che restavano un giorno fermi per accogliere i nuovi vicini, i ragazzi di PizzAut.

Un gesto che va oltre la concorrenza.

Con la prefettura abbiamo concordato l'ordine degli interventi perché non voglio strumentalizzazioni politiche e chiedo che prendano la parola soltanto le persone che sono state vicine a PizzAut: il vescovo don Luca Raimondi, il mio amico e senatore Eugenio Comincini, il Presidente dell'azienda Coop Lombardia Daniele Ferré che ha contribuito a realizzare il nostro sogno. Alla fine interverrà la Presidente Casellati e alla sua presenza firmeremo il primo contratto a tempo indeterminato di uno dei miei ragazzi: Matteo Celeghin, il nostro Matteone, il figlio del caro Enrico.

Il senso del nostro sforzo è proprio in quel pezzo di carta: significa aver valorizzato le capacità di un ragazzo che, in linea di massima, lo Stato considera spesso come un assistito. Significa avergli restituito la dignità nel rispetto di quanto previsto dalla Costituzione e significa dare una speranza a tanti altri come lui, alle loro famiglie, a genitori che si alzano la mattina con la fatica del presente e l'angoscia del futuro.

Le sirene illuminate delle auto blu annunciano l'arrivo della Presidente del Senato. Piove, continua a piovere. E io che avevo fissato la data convinto che il primo maggio ci avrebbe regalato un bel sole... I ragazzi sono in fila con il loro grembiule rosso, io sono molto emozionato e cerco lo sguardo di Stefania, l'unica che mi rimette in asse e mi sa tranquillizzare in queste circostanze. Vado incontro alla Presidente che mi abbraccia e ho la sensazione che sia davvero contenta di essere qui con noi, proprio nel giorno che celebra i lavoratori. Lo dice anche nel suo saluto: «Il lavoro dà la possibilità di eliminare le differenze e di relazionarsi con gli altri, consente a questi giovani di essere inseriti in un sistema di ricostruzione del nostro Paese».

Mentre la ascolto penso che ne abbiamo fatti di passi in avanti: fino a pochi anni fa le persone autistiche rischiavano di restare chiuse in casa e dovevano sopportare gli sguardi di chi giudica in modo superficiale. Oggi la seconda carica dello Stato li chiama a contribuire alla ricostruzione del Paese. Il cammino è ancora lungo, ma il cambiamento è cominciato.

Al mio fianco Matteone è inquieto. «Quando tocca a me? Quando tocca a me? Quando tocca a me?» mi ripete ossessivamente.

Ecco, ci siamo. La firma del primo contratto.

Matteo sale al fianco della Presidente Casellati, io al microfono chiedo un attimo di silenzio perché davvero il momento è solenne. Luisa ed Enrico, i genitori di Matteo, si tengono stretti sotto a un ombrello, i loro visi sono bagnati, ma non di pioggia. Mi inteneriscono ed emozionano perché io so esattamente cosa stanno provando: avrebbero mai potuto immaginare che il loro Matteo, quel figlio «diverso», avrebbe trovato un lavoro e avrebbe avuto un contratto a tempo indeterminato e lo avrebbe firmato di fianco alla Presidente del Senato? Quante frustrazioni hanno dovuto sopportare prima di arrivare qui? Quante notti insonni, quante lacrime cacciate giù, quante rinunce, quante ferite? E adesso è lì davanti a loro, con i flash dei fotografi e le telecamere puntate addosso, protagonista di un pezzettino di storia.

Matteo ha la penna in mano. Tutti aspettano che firmi. Ma lui resta fermo chino sul foglio. Dieci secondi, mezzo minuto, la Presidente Casellati si guarda intorno con aria interrogativa. Matteo non firma. «Matteo, devi firmare» sussurro. Ma lui resta immobile, sempre fisso sul contratto.

Sale mamma Luisa: «Matteo, che succede? Perché non firmi?».

Il Gigante buono si alza in tutto il suo metro e ottanta e serissimo, prendendomi il microfono, risponde: «Aspetta, mamma, sto controllando bene cosa c'è scritto».

La tensione si scioglie in una risata generale. Bravo, Matteo, mai firmare nulla a occhi chiusi!

Adesso la festa può cominciare: per tutto il pubblico, che noncurante della giornata di diluvio è rimasto in piedi fino alla fine della cerimonia, i ragazzi che sono sui PizzAutoBus sforneranno fette di pizza, il nostro modo di dire grazie alla comunità che ci ha accolto, alle persone che ci hanno sostenuto e dimostrato affetto. Dentro abbiamo apparecchiato nello spazio esterno del giardino perché le prescrizioni del Covid non consentono ancora di mangiare nei luoghi pubblici al chiuso. Sono al tavolo con la Presidente Casellati, la sindaca di Cassina Elisa Balconi e il Prefetto Renato Saccone che è di origini napoletane come me e quando due napoletani si incontrano è sempre festa: in questo caso è anche l'inizio di una nuova amicizia. Mentre sono seduto con loro i miei occhi seguono i ragazzi al lavoro: la pioggia non aiuta, le scorte dei politici in piedi non aiutano, i giornalisti e le telecamere che vanno e vengono non aiutano. Mi assale la paura di aver sbagliato a metterli in questa situazione e di aver caricato loro addosso troppe pressioni tutte insieme. Loro mi cercano con lo sguardo e anche questo è strano, forse hanno le mie stesse paure. I genitori e i volontari fanno miracoli cercando di tenere tutto sotto controllo. Ma sono loro, i miei ragazzi, a compiere il vero miracolo: in cucina Matteone e Matteino sfornano duecento pizze lavorando in sintonia come fossero una coppia rodata da anni; i camerieri non sbagliano una comanda e riescono a destreggiarsi in mezzo alla ressa e a quel caos. Come primo giorno di lavoro, uno stress test superato alla grande, sono davvero fiero di loro.

Nel giro di tre ore la cerimonia è finita, il parcheggio si è svuotato e resto solo con i ragazzi, i genitori e i volontari. Ci dedichiamo un momento tutto nostro, per festeggiare Matteo e incoraggiare i prossimi che firmeranno. Mi sembra che siano davvero tutti contenti. Solo Stefania è preoccupata perché dice che sono pallido ma io so che è soltanto stanchezza. Lei mi guarda con l'occhio della moglie ma anche con quello della professionista che, lavorando da vent'anni in ospedale, sa bene i rischi che corre il mio cuore anche perché non è passato molto tempo dalla sera del grande spavento, meno di due mesi prima...

Flashback.

4 marzo 2021.

«Stefania, mi sa che mi sta succedendo qualcosa, possiamo andare un attimo in camera?»

Mia moglie aveva lasciato Leo al suo gioco perché aveva intuito che se volevo parlarle in un luogo appartato lontano dai ragazzi il problema c'era eccome. «Che succede, Nico?» «Non so, mi sento debolissimo e poi con questa mano sinistra, guarda, non riesco a tenere in mano neppure un cuscino.» «Ma hai dolori?» «No, nessun dolore. Però questa parte è come se non la controllassi più e sento una specie di continuo formicolio.»

Non avevo finito di parlare che mia moglie si era aggrappata al cellulare e aveva chiamato il suo reparto riassumendo velocemente la situazione. «Ok, faccio come dici» aveva promesso prima di chiudere la veloce conversazione. «Nico, chiamo il 118. Sdraiati e stai fermo, chiamo i miei genitori che vengano a prendere i ragazzi, non voglio che Leo e Giulia si spaventino quando arriva l'ambulanza.»

Io avevo chiuso gli occhi, avevo inalato un respiro andando al fondo dei miei polmoni per stare tranquillo: «Si sta preoccupando per nulla, solita esagerazione professionale» mi ripetevo.

Un'ora dopo ero al pronto soccorso dell'ospedale di Monza dove ci avevano accolti alcune colleghe di

Stefania e un medico suo amico che mi aveva salutato con una battuta: «Vediamo com'è il cuore di un uomo col cuore così grande». Intorno a me il clima era molto sereno quando era cominciata la coronarografia. Io avevo sentito un male pazzesco, forse mai provato prima, mentre una piccola telecamera risaliva dal mio braccio fino al cuore. E di lì a poco mi ero reso conto che non fiatava più nessuno. Il medico aveva chiamato Stefania per spiegarle la situazione: «Una coronaria è chiusa al 95 per cento. È un tratto piccolo, ma se non interveniamo subito, tuo marito è in pericolo di vita. Io procederei applicando uno stent».

Stefania aveva cercato di controllarsi, si fidava di quel medico e dell'ospedale, un'eccellenza nazionale. E in effetti, tutto era andato bene: l'intervento cominciato in urgenza si era concluso senza problemi e ora avevo soltanto bisogno di qualche giorno di degenza per rimettermi in forma. Avevo scritto un post su Facebook per spiegare i motivi della mia assenza dai social ma, come faccio sempre, cercavo di minimizzare: un po' per proteggere i ragazzi, un po' per non creare inciampi al progetto, un po' perché volevo continuare a sentirmi forte. Quel campanello d'allarme aveva preoccupato anche me che non mi spavento mai, ma sapevo che non avrei cambiato le mie abitudini. «Nico, i medici dicono che sei troppo stressato» ripeteva mia moglie ammonendomi. «Ma io sono felice. Lo stress viene a chi è infelice, a chi fa un lavoro che non gli interessa, a chi non ama e non è amato. Stefania, io sono felice.» Era la mia risposta continua.

In effetti, i ragazzi di PizzAut si erano molto preoccupati per la mia salute, non erano abituati alla mia assenza e figuriamoci cosa scatenava dentro di loro pensarmi in un letto di ospedale. I medici mi avevano anche proibito per qualche giorno le telefonate e quindi mi limitavo a leggere i biglietti che mi mandavano attraverso Stefania.

Francescone mi aveva dedicato una pizza pensata con tutti i ragazzi e avevo potuto godermi da quel letto in cardiochirurgia il video con la presentazione della loro ultima creazione: la pizza Supereroe, «perché tu sei il nostro eroe, Nico» mi avevano detto in coro. La nuova ricetta aveva scamorza, salsiccia, pomodorini freschi, pomodorini essiccati, cipolla caramellata e granella di noci. L'ideale per la dieta di un cardiopatico... Però ero anche molto affamato e goloso e avevo chiesto a Stefania di portarmela da assaggiare. Il medico che mi seguiva al San Gerardo aveva storto il naso: «Bella idea, Acampora, ma lasciamola mangiare ai suoi clienti di PizzAut. Lei si accontenti della pastina anche stasera».

Da quel giorno Stefania non aveva smesso di starmi addosso, ricordandomi le molte pastiglie da prendere, costringendomi a provare la pressione almeno una volta al giorno e a fare i controlli prescritti, cercando di migliorare anche la mia disordinata e poco salutare alimentazione. Per questo era venuta a parlare con lo chef, i papà e i ragazzi e aveva distribuito a ciascuno una copia della dieta ipocalorica, iposodica e ipotutto che avrei dovuto seguire. Stefania era stata categorica:

«Guardate che se Nico non fa quello che c'è scritto qui, dovrà mollare PizzAut». Così per qualche settimana le indicazioni di quella tabella erano state seguite. Poi però avevo cominciato a sgarrare, ad assaggiare le pizze, a mangiare fuori orario, a pasticciare con i carboidrati e a bere Coca-Cola. Leonardo era preoccupatissimo: «Nico, se muori come facciamo?». E anche Lorenzo il Teppa mi abbracciava più spesso del solito: «Come faremo senza di te?».

Diciamo la verità: io avevo mollato un'altra volta, ma Stefania no. Più di una volta me l'ero ritrovata in cantiere nei giorni precedenti alla inaugurazione: «Nico, hai dimenticato a casa l'anticoagulante», «Nico, la pastiglia della pressione». Una santa.

E adesso è qui, dopo una giornata indimenticabile ma molto stressante, con il suo sguardo attento: «Nico, adesso basta, andiamo a casa». «Vai avanti tu con i ragazzi, ti prometto che arrivo fra poco.»

In quel «poco» devo parlare con Enrico, con Giulio e con altri volontari che saranno operativi a Cassina. Bisogna cominciare a lavorare davvero e i cinquanta coperti del giardino non bastano né a tenere impegnati i ragazzi né a far quadrare i conti. «L'oratorio di Cernusco ci può prestare per un periodo il tendone, così ci allarghiamo in veranda con altri tavoli» suggerisco. «Sì, ma intanto dobbiamo regolare meglio il sistema delle prenotazioni, qui c'è tutto scritto a mano sull'agenda ma è affidabile questo metodo? E comunque se telefonano durante il servizio, bisogna trovare una persona dedicata soltanto a quello» obietta Enrico.

Poi c'è la questione del green pass: «Chi controlla bene le disposizioni governative e regionali? Io credo che possiamo non chiederlo se siamo all'aperto e giardino e dehors sono da considerare spazi aperti». «Chiamo io in Comune» si offre Giulio. Emanuele, che abbiamo assunto come cuoco perché per la pausa pranzo abbiamo deciso di proporre anche tre primi e tre secondi, ci ricorda che se non c'è un minimo di programmazione e di previsione sui coperti è difficile organizzare la dispensa e preparare i menù.

A me ronza la testa, ci sono ancora troppe decisioni da prendere, forse non siamo pronti. Mentre torno a casa non ho più la leggerezza che mi aveva accompagnato durante il viaggio di andata e mi si presentano troppi dubbi: sarò in grado di tenere insieme il progetto? Saprò non deludere le aspettative di tanti che si stanno fidando di me? Riuscirò a fare il bene dei ragazzi e, un domani, del mio Leo?

Mi sono ritrovato a gestire un'impresa, ma resto soltanto un educatore cresciuto alle case popolari. Con esperienza, certo, passione e buona volontà. Ma sono sufficienti per diventare un manager? Per fortuna non sono solo, ci sono persone su cui so di poter contare davvero, che devono imparare tanto ma hanno voglia di farlo. E soprattutto, sono le persone che credono in PizzAut.

Come il giovane Christian e papà Giulio.

Christian e Giulio

Christian ha dodici occhi, o forse quattordici. Dietro a due lenti a goccia, non il modello che ti aspetti su un ragazzo di ventiquattro anni appena compiuti, quei due occhi chiari fanno il lavoro moltiplicato per dieci.

Veloci, attenti, allenati a tenere tutto sotto controllo: i clienti, la cassa, i ragazzi che si muovono in sala, i volontari che si alternano, il bicchiere che si rompe, la famiglia cui serve il seggiolone, il coltello non abbastanza lucido, la pizza servita al tavolo sbagliato.

E quello sguardo, quei dodici occhi o forse quattordici vedono anche gli umori dei camerieri: anticipano la possibile crisi, sostengono il momento di incertezza, incoraggiano chi è emozionato, rassicurano chi non ci crede abbastanza, gratificano chi sta facendo bene la propria parte. E il bello di Christian Apruzzese è la calma totale che lo attraversa e che arriva a chi gli sta vicino: clienti, camerieri, baristi, pizzaioli, volontari.

Lui lo sa bene: «Non posso permettermi il lusso dell'ansia». E quindi respira. Non gli serve alzare il tono della voce, non deve correre se un bicchiere si frantuma per terra, se una comanda ritarda, se una coppia non trova il tavolo pronto. Con calma, tutto si sistema.

Sorride a tutto e a tutti, Christian. Perché lui lo sa che davvero tutto alla fine si sistema.

Strana storia la sua.

Che ha il momento più inatteso in quella telefonata di Nico Acampora, un tipo in gamba che era stato suo educatore e lo aveva aiutato a rimettersi in carreggiata quando da ragazzino la sua vita aveva sbandato davvero. «Ciao, Christian. Apro una pizzeria. Ti va di venire a lavorare per me? L'ultima volta mi avevi detto che lì dove sei oggi non ti hanno ancora messo in regola. Vieni con me e ti farò fare l'esperienza più bella della tua vita, ovviamente con un contratto regolare.» «Che pizzeria? Dove?» «A Cassina. Sto per aprire un locale gestito da ragazzi autistici.» «Ragazzi malati?» «Autistici: l'autismo non è una malattia. Tu sai qualcosa di autismo?» «Niente.» «Allora sei la persona giusta, senza pregiudizi e preconcetti. Christian, ho bisogno proprio di te.»

Lui non aveva chiesto tempo per pensarci e aveva risposto subito: «Va bene, Nico, accetto».

In fondo Christian sapeva da sempre che prima o poi sarebbe tornato a combinare qualcosa di buono con lui.

Lo aveva conosciuto dieci anni prima, in quel centro di aggregazione giovanile che inizialmente frequentava poco e malvolentieri. Stava lì per non stare in strada, per fare contenta sua madre, per cercare di dare un senso alle sue giornate sempre uguali, a volte complesse e a volte inutili. «Sono qui perché altrimenti mi infilerei in qualche brutta compagnia e in qualche casino» aveva spiegato a Nico una delle volte in cui aveva avuto occasione di parlargli. Nico aveva letto quegli occhi profondi, il suo mestiere di educatore lo aveva abituato ad andare oltre sguardo e parole: e fissando Christian aveva percepito che quel ragazzo aveva qualcosa di speciale dentro.

Certo, bisognava avere la pazienza di aiutarlo a scoprire questa ricchezza perché il primo a non sentirsi unico era lui.

A Cassina non è subito semplice. Questi ragazzi sono strani, non lo ascoltano, non lo guardano: come accidenti può fare a lavorare con loro? Nico gli ripete sempre e solo la stessa raccomandazione: guarda me e fai quello che faccio io.

Ma non è come dirlo, e poi lui non è Nico. Un giorno rimproverando uno dei camerieri che non aveva pulito il tavolo indicato, Christian si era spazientito e gli era scappata una parolaccia.

Nico lo aveva preso in disparte: «Christian, qui dentro tu sei me. Mi hai mai sentito usare un linguaggio volgare?».

Aveva abbassato lo sguardo, era davvero mortificato ma il problema non era soltanto di buona educazione. «Sai, Christian, se li affronti in questo modo, i ragazzi non ascoltano cosa stai dicendo ma percepiscono soltanto la tua rabbia, che li spaventa e li fa chiudere ulteriormente in se stessi. Loro imparano soltanto sbagliando e tu devi provare a correggerli dicendo con calma che può succedere di non rendersi conto che un tavolo non è stato pulito bene, che non bisogna abbattersi e che si può provare a fare diversamente, facendo vedere loro come. E vedrai che non ripeteranno l'errore.» «Scusami, Nico, non succederà mai più.»

È davvero non sarebbe più successo: anzi, da quel giorno Christian si era sentito ancora più responsabile del suo ruolo, più riferimento per tutti. E forse era stata quella occasione a trasformarlo per sempre: come se sentirsi responsabile gli avesse messo più calma dentro. «Adesso so chi sono e cosa voglio e ce la metterò tutta con questi ragazzi» avrebbe spiegato qualche giorno dopo a Giulio, un papà che faceva il volontario al ristorante.

Giulio lo aveva abbracciato: «Vieni, Christian, prendiamoci una pausa, così ti racconto la nostra storia e ti servirà a capire quanto è importante il lavoro di tutti qui dentro».

E Giulio aveva cominciato a raccontargli la sua, di storia... «Per adottare Andrea, abbiamo preso la macchina e siamo andati in Polonia. Era il 19 luglio 2003. Le pratiche erano state più complesse del previsto e avevamo deciso di fermarci fin quando non fosse tutto risolto. Abbiamo dormito per quasi due mesi in un bungalow: io e Andrea sul divano letto e mia moglie

Daniela su un lettino malmesso. Quando l'istituto che lo ospitava ce lo ha finalmente affidato, mi hanno messo in braccio un bimbo nudo con un pannolino sporco addosso. Ma quella sua stretta al mio collo mi ha persuaso per sempre che affrontare quel viaggio era stata la cosa migliore della nostra vita.» «Giulio, ti cerca lo chef» lo ammonisce Simone, uno dei camerieri di servizio. «Eccomi, arrivo.»

Bisogna rifare la linea perché la mozzarella di bufala è quasi finita e anche i friarielli vanno rinforzati. Giulio taglia e sistema con attenzione il cibo ma la sua testa adesso è altrove.

Sono bastate le poche parole scambiate con Christian per riprovare la sensazione di calore avvertita tenendo in braccio quel bimbo di due anni. Il figlio tanto desiderato non era arrivato: per questo Giulio e Daniela avevano scelto la strada dell'adozione. L'assistente sociale che li aveva esaminati giorno dopo giorno, test dopo test, incontro dopo incontro, aveva concluso che erano adatti a essere genitori. Di più: che erano pronti ad accogliere anche un bimbo con disabilità. Il tema in casa non era estraneo: un fratello in carrozzina lui, un nipote con un ritardo cognitivo lei e tantissimo amore comunque da dare. «Ma noi vorremmo un bimbo non malato» avevano confidato d'un soffio all'assistente sociale, quasi vergognandosi di quella richiesta. «Abbiamo già vissuto troppa sofferenza», la spiegazione che non aveva bisogno di essere dichiarata.

E così arrivò Andrea, due anni e il vuoto alle spalle:

abbandonato da ignoti genitori naturali in un orfanotrofio più squallido di come uno immagina un pessimo orfanotrofio possa essere. L'adozione era stata firmata dopo che Giulio e Daniela avevano trascorso due mesi in un paesino nei dintorni di Varsavia sopportando un passaggio in un tribunale polacco, con avvocati, interpreti e una pazienza infinita perché per questo piccolino nessun parente prossimo o lontano reclamava né abbracci né potestà.

Quell'istituto ospitava tredici bambini soli come Andrea e seguiti da un unico operatore che non riusciva neppure a tenerli puliti, figuriamoci a dare loro affetto: fosse stato per il suo cuore grande, Giulio se li sarebbe portati via tutti. Ma era già stata un'impresa avere tutte le carte che decretavano la nuova famiglia di Andrea.

Lui piangeva spesso e non parlava: colpa, dicevano là, del trauma da abbandono e per lo stesso motivo pianse anche il giorno che finalmente lasciarono quel bungalow.

Era diventata la sua casa.

Andrea evidentemente era spaventato e temeva altri strappi, altri letti nuovi, altri volti sui quali cercare affetto. Partirono e arrivarono in Italia. Non fu semplice la prima notte nella casa di Vignate, lì dove Andrea avrebbe imparato di essere finalmente parte di una famiglia e di un progetto di amore. «Daniela, ma questo bimbo non sta mai fermo?» Quella frase sarebbe diventata una cantilena che scavava come un tarlo la testa di Giulio. Andrea cresceva e più cresceva più si notava quella agitazione continua. Mai seduto, mai concentrato su un gioco o su una fiaba letta, sempre in movimento. «State tranquilli, è soltanto iperattivo perché sta sfogando quello che è accaduto in quei due anni d'istituto.»

Lo specialista, la prima insegnante, quella di sostegno alle elementari e poi ancora i professori delle medie: tutti liquidavano i comportamenti di Andrea e i dubbi di mamma e papà facendo riferimento al buio profondo di quel primo biennio di vita. Ma il tarlo dentro Giulio e Daniela continuava a lavorare, rafforzato dalle letture notturne su internet: finché decise che non poteva andare avanti così e portò Andrea in un centro specializzato in disturbi dello spettro autistico.

La diagnosi arrivò che Andrea aveva quattordici anni e forse per Giulio fu un sollievo capire che suo figlio non era «strano»: Andrea aveva un Asperger di primo livello. Altro che ipercinetico…

Giulio tira un respiro lungo e profondo ed esce dalla cucina per controllare che ai tavoli sia tutto a posto. Ormai passa più ore qui che in casa e da quando è andato in pensione questo è un impegno fisso, molto più che un lavoro, senza però essere un lavoro.

PizzAut è casa, famiglia, amore. Non lo avrebbe immaginato, quel giorno mentre beveva un caffè in un bar con suo fratello. «Giulio, come sta andando Andrea a scuola?» «Lascia perdere… Siamo stati chiamati due giorni fa dal suo insegnante di sostegno e dice che ha perso ogni interesse e ogni entusiasmo.

Arriva, si siede, interagisce il minimo indispensabile e si chiude nel suo mondo. Non gli importa nulla di nulla, non parla con i compagni ed è evidentemente triste.» «Tu cosa pensi di fare?» «Con Daniela stiamo cercando un po' in giro. Andrea ha bisogno di fare qualcosa che non sia stare seduto in un'aula: per ora va dalla Cinzia, la sorella di Daniela, e le dà una mano in gastronomia. Ha imparato a distinguere tutti gli affettati, viene a casa e parla di sughi e vitello tonnato ed è sicuramente più interessato a quello che alla scuola.» «Ascolta, Giulio. Ti ricordi del mio amico Nico? Quello a cui ho regalato quell'ulivo a Cassina de' Pecchi. Be', Nico ha in mente di fare una pizzeria per ragazzi autistici. Vuoi che gli parli di Andrea?»

Due settimane dopo, Giulio, Andrea e Daniela erano davanti a un ipermercato poco distante da Milano. Ansiosi e un po' scettici. Nico era lì a fare pizze con due dei suoi ragazzi. Si erano stretti la mano, si erano piaciuti e lo scetticismo li aveva abbandonati. «Andrea, cosa ti piace fare?» La voce di Nico era un po' roca ma rassicurante. «Suonare il violino.» «Fantastico, un violinista mi manca.» Nico aveva sorriso e l'appuntamento con la pizza in giro per la bassa milanese era diventata un'abitudine. Andrea aveva infilato il grembiule, ma la cosa sorprendente è che un altro se lo era legato in vita anche suo papà, Giulio. Lo stesso grembiule di quella sera. Dicembre 2021. «Nico, fa un freddo cane, continua a nevicare e ci stiamo congelando sia noi sia le basi della pizza. Perché non chiudiamo 'sto food truck?»

Nico non è uno che si lascia convincere facilmente: «Giulio, dobbiamo resistere. Abbiamo messo avvisi in tutto il paese. Che figura facciamo se arrivano i clienti e noi non ci siamo?». «Clienti? Ma Nico, sta nevicando! La gente sta chiusa in casa al caldo dove dovremmo essere anche noi.» Giulio sta finalmente sfilando il grembiule, quando lo ferma una voce femminile: «Scusate, quanto tempo bisogna aspettare per avere quattro pizze?».

La prima di tante clienti.

Nico sorride.

Giulio abbozza: «Hai sempre ragione tu».

La notte della nevicata e dei piedi congelati fu anche la notte in cui Giulio capì che non avrebbe mai mollato Nico: qualunque cosa gli avesse detto di fare si sarebbe sempre fidato di lui.

L'impasto giusto

«Nico, ho avuto un'idea.»

«Dimmi Lorenzo.»

«A me sembra che qui a Cassina siamo troppo stretti. E mi è venuto in mente che qualche mese fa eravamo andati a fare le pizze alla Villa Reale di Monza, ti ricordi Nico come era stato bello?»

«Certo Lorenzo: era stata proprio una bella serata. Ma quindi, che idea avresti?»

«Nico, comprati la Villa Reale così PizzAut sarà più grande e più bella.»

«Sai che me la comprerei davvero Lorenzo? Però se la compro, chi taglia poi tutto quel prato intorno?»

«Lo faccio io Nico, tranquillo!»

Quando chiacchiero con i miei ragazzi Aut dimentico sempre che non hanno senso pratico e soprattutto non colgono l'ironia ma prendono in maniera letterale tutto quello che dico. Però Lorenzo qualche ragione ce l'ha: abbiamo aperto da due giorni, non ci sono ancora tante prenotazioni e dobbiamo ancora prendere le misure con il locale, gli spazi, l'organizzazione. Il viavai tra cucina e sala e bar non è ancora ben oliato e le distanze imposte dal Covid hanno complicato la vita di tutti. Matteino, il secondo pizzaiolo, non voleva neppure uscire più di casa tanto si era spaventato per la storia di questo virus e il conteggio dei morti che tv e radio ripetevano all'infinito. Sua mamma era preoccupatissima e allora gli avevo telefonato per dirgli che ci mancava tanto, ma lui era ossessionato: «Non si deve uscire, si rischia la morte». Lo avevo rassicurato in tutti i modi possibili e alla fine si era convinto: «Vengo, però mi prometti che nessuno mi dovrà toccare». E così era stato. Ma il giorno dell'inaugurazione era in uno stato di euforia totale e a un certo punto mi aveva preso in disparte chiedendomi di mettermi a sedere. Avevo capito che stava cercando un contatto fisico che aggirasse il timore del contagio e mi ero lasciato guidare. Mi aveva alzato le braccia e mi aveva stretto dall'alto. E così Matteino aveva inventato l'abbraccio a cravatta che contrasta il virus ma asseconda il nostro bisogno di affetto.

Piccoli e grandi problemi: ma far funzionare il locale e stare con i ragazzi non è facile. Oggi è arrivato Christian, un «normotipico» sveglio che avevo seguito come educatore: mi serve una persona fuori dalle logiche dell'autismo, che abbia già lavorato in un ristorante, che stia accanto ai ragazzi e stia con loro anche quando io non ci sono. Purtroppo, io ci sono sempre ma capita che debba lasciare Cassina, ho tanti appuntamenti perché devo capire come gestire meglio questa impresa. A cominciare dal tipo di pizza da proporre.

Finché facevamo gli Assaggi di PizzAut i miei ragazzi si occupavano soltanto delle comande e del servizio, perché ogni locale aveva già i propri pizzaioli cui al massimo si affiancavano per imparare. Ora dobbiamo organizzarci da soli e per questo oggi torno a Pavia, nel ristorante dove ho scoperto la pinsa romana: il vantaggio della sua base è che può essere preparata prima e può essere precotta all'80 per cento. Quindi mi sto immaginando che i ragazzi possono utilizzare questo tipo di impasto, partire da basi già pronte, e il loro lavoro sarà di guarnirle aggiungendo il pomodoro e gli ingredienti delle diverse ricette. Se riesco a mettere a punto questo metodo, non avrò neppure bisogno di un pizzaiolo normotipico e Matteone e Matteino potranno occuparsi in autonomia delle pizze. Che poi Matteone del tutto solo non è mai, perché ha sempre accanto la sua arma segreta: la pala che usa per spostare le pizze, metterle nel forno e da lì adagiarle sui taglieri è sua e soltanto sua. Ne è talmente geloso che lui ha deciso di darle un nome: si chiama Gertrude e c'è poco da scherzare con Matteo sull'argomento...

Questa trasferta a Pavia mi ha definitivamente convinto che la pinsa sarà il futuro di PizzAut perché ci consente di organizzare il lavoro in modo adeguato alle capacità dei ragazzi. Certo, bisogna studiare bene l'impasto: ho promesso alla «squadra» che la nostra deve essere «la pizza più buona della galassia conosciuta» e quindi non possiamo fallire. Grazie ai suggerimenti di tanti pizzaioli che ho incontrato, andando fino a Roma e Napoli, ho capito che l'idratazione è importante, quindi la porteremo al 70-80 per cento; mescoleremo i tre tipi di farina della ricetta originale che ho già testato e useremo pochissimo sale, quasi nulla: in questo modo avremo un prodotto ipoglicemico e iposodico adatto anche ai quasi diabetici e ipertesi come me. Questo impasto è digeribilissimo e io ho sempre in mente che Leo quando fa fatica a digerire guarda per terra e si chiude in se stesso, mentre quando digerisce bene guarda il cielo sereno. E poi faremo moltissima attenzione agli ingredienti dedicati alle varie guarnizioni, che dovranno essere sempre di primissima qualità: grazie a Gaetano, un papà Aut napoletano che si è appena trasferito a Milano e che ha sempre lavorato nel mondo della ristorazione collettiva, sono già in trattativa con alcuni fornitori che ammirano il nostro progetto e sono disposti a farci prezzi agevolati. Con la mia faccia di bronzo sto promettendo loro che si troveranno ripagati perché quando saremo a regime avremo il locale sempre pieno e quindi avremo bisogno di quantitativi importanti di materie prime. Speriamo bene.

Intanto dobbiamo cominciare a stabilire alcune regole per la gestione della cucina e della sala: il mio personale è molto speciale e quindi servono regole altrettanto speciali. Ora è il momento giusto per affrontarli: smaltita l'adrenalina dell'inaugurazione, possiamo parlare con un po' di calma.

«Ragazzi, tutti al tavolo, vi devo presentare Christian. Andrea, Lollo, dai, venite...»

«Nico aspetta, dobbiamo finire di apparecchiare.»

Lollo sta disponendo le posate con la sua precisione maniacale e guai a interromperlo fino a che non è tutto a posto.

«Non preoccuparti Lollo, finiremo dopo. Ora vi faccio conoscere questo mio amico che da oggi lavorerà con noi. Si chiama Christian e ci aiuterà in sala perché lui era assunto già in un altro ristorante ma lo ha lasciato perché ci tiene tantissimo a diventare uno di PizzAut. Che ne dite, lo prendiamo in squadra?»

Lorenzo va subito al punto: «Sei autistico anche tu?».

«Veramente no. Quando Nico mi ha parlato di spettro autistico mi è venuto in mente un fantasma, qualcosa che si vede e non si vede. Io adesso vedo soltanto ragazzi con i grembiuli rossi e neri e sono contento di cominciare a lavorare con voi.»

Lorenzo ascolta con attenzione e poi commenta: «Nico scusami, però se Christian viene a lavorare qui ma non ci sono clienti, come fai poi ad assumerci e a pagarci gli stipendi? Adesso hai assunto Matteone e tu ci hai detto che dopo di lui quando avremo finito lo stage saremo assunti, ma se non arrivano i clienti come faremo?».

«I clienti arriveranno. Dovete tutti considerare che ci sono ancora le restrizioni del Covid, per andare nei locali bisogna presentare il green pass e molte persone sono ancora spaventate dalla pandemia e preferiscono mangiare nelle loro case. Noi abbiamo la fortuna di avere a disposizione veranda e giardino, quindi non saranno necessarie le certificazioni e anche se qualche tavolo resterà vuoto approfitteremo di questo periodo per fare tutti insieme un po' di pratica. Avere un locale non è più come andare nei ristoranti degli altri a servire le pizze di altri pizzaioli.» Mentre finisco questo lungo ragionamento mi rendo conto che i ragazzi non mi hanno seguito. E quindi mi limito a tranquillizzarli: «Non preoccupatevi, andrà tutto bene».

Ecco Matteone: «Ma noi quando possiamo mangiare, Nico?».

«Domanda corretta. Io vi propongo di organizzarci in questo modo: ci vediamo qui al mattino verso le 10:30 e chi ha il primo turno pranza alle 11.30 con i piatti del nostro super chef Emanuele detto Manu. Anzi, facciamogli un bell'applauso ragazzi!»

L'applauso è fragoroso e sono sicuro che faccia bene anche a lui. Poi, proseguo: «Chi arriva per il secondo turno, diciamo dalle 17.30, partecipa a una riunione che chiameremo come fanno quelli bravi: sarà il briefing».

Il momento di silenzio è interrotto da Gabriele che non per nulla è soprannominato Wikipedia: «Io so cosa significa. Vuole dire riunione».

Lorenzo non capisce: «Scusa Nico, e perché non la chiamiamo riunione?».

«Perché se nelle aziende importanti fanno il briefing, anche noi che siamo importanti faremo il briefing.»

Matteone, che è stato da sempre ribattezzato Gigante buono e basta guardarlo per capire perché, è d'accordo: «L'altro giorno è venuta da noi la Presidente del Senato Maria Elisabetta Casellati, quindi siamo molto molto importanti. Perciò faremo il briefing».

«Benissimo ragazzi. E durante il briefing vi dirò quante prenotazioni abbiamo, se ci sono giri pizza, se in menù è entrata qualche ricetta nuova. Intanto ripassiamo quelle già inventate, avete voglia? Come è fatta la Regina?»

Andrea è velocissimo: «Vorrei precisare che si chiama Regina Margherita e gli ingredienti sono pomodoro, mozzarella fiordilatte, pomodori freschi e basilico».

«Bravissimo Andrea, la precisione non mi appartiene e per fortuna ho te che mi aiuti! Lorenzo, ti ricordi cos'è la Bombazza?»

«È la mia preferita, quella con pomodoro, mozzarella, 'nduja, salamino piccante e olive taggiasche, cioè quelle nere della Liguria che ci hai fatto assaggiare una volta.»

«E se al tavolo c'è un bambino che cosa gli proponete?»

Selva di mani alzate: «Lollo, rispondi tu».

«La Superbimbi. Con pomodoro, mozzarella, wurstel e patatine fritte. Ma a me piace di più la Bombazza!»

«Ragazzi, sono fiero di voi, siete davvero preparatissimi. Andate pure a finire di apparecchiare perché tra poco comincia il servizio. Avete i vostri taccuini per le comande? Chi mi riepiloga come si fa?»

Leonardo vince la sua timidezza e si alza in piedi, quasi stesse declamando una poesia: «La comanda va presa in triplice copia. Si segna il numero del tavolo, si segnano le ordinazioni dei clienti e poi si consegna una copia in cucina, una alla cassa e una resta al bar».

«Molto bene, avete qualche dubbio o cominciamo il servizio?»

Matteone ha una domanda, in effetti. La stessa che aveva posto all'inizio dell'incontro, in realtà, ma con orario diverso: «Scusa Nico, ma alla sera noi quando mangiamo?».

«Hai ragione Matteo! Alla sera mangeremo a fine servizio, insieme anche a tutti i volontari. Anzi ogni sera faremo un applauso speciale alle persone che ci aiutano perché anche loro sono un pezzo importante della nostra famiglia, siete d'accordo?»

Sono tutti d'accordo ma sono anche già tutti in piedi per finire di sistemare i tavoli. Il loro tempo di concentrazione è finito: «Controllate sempre i numeri, mi raccomando». Ma ormai non mi ascolta più nessuno.

Christian mi sembra contento. Un po' disorientato ma contento. Adesso con i papà dobbiamo affrontare un'altra questione: «Enrico, Giulio. Abbiamo il problema del tendone esterno. Mi ha chiamato stamattina il prete di Cernusco che ce lo aveva prestato e mi ha ricordato che appena finiscono le scuole e cominciano i centri estivi ha bisogno di averlo indietro. Cosa ci inventiamo come alternativa?».

«Soldi in cassa?»

Interviene mamma Marzia, piuttosto perentoria: «Meno di zero».

«Ottimo.»

Adesso anche la questione della gestione dei conti

va affrontata di petto. Su consiglio di un paio di persone di cui mi fido, tra cui un amico commercialista, per non fare confusione con PizzAut onlus, avevamo dato vita a una Srl che si chiama WorkAut e che gestisce il ristorante. Sono l'amministratore unico e poi vedremo come va. Anche perché il mio progetto non si ferma qui: obiettivo del nostro sogno è dare lavoro ai ragazzi autistici, però vanno giustamente formati. Per questo dobbiamo anche far nascere una scuola di formazione ad hoc, una specie di Accademia di PizzAut che i ragazzi possano frequentare prima di arrivare al locale: mi sto già confrontando con la Fondazione Mazzini di Cinisello Balsamo, una scuola professionale accreditata. Sarebbe perfetto se loro, che nel campo educativo sono davvero innovativi, potessero organizzare un corso di 150 o 200 ore e preparare i ragazzi: non voglio che arrivino qui senza nessun tipo di istruzione pensata appositamente e per diventare cuochi, camerieri e pizzaioli hanno bisogno anche di lezioni, laboratori, una preparazione di base, ma seria. Mentre sistemo le ultime tovagliette mi si avvicina un po' agitato Riccardo, che aiuta Matteone a preparare le pizze.

«Nico, posso dirti una cosa?»

«Dimmi Riccardo, c'è qualcosa che non va?»

«A me non piace fare le pizze.»

«No? E cosa vorresti fare? Il cameriere?»

«No.»

«Il barista?»

«No.»

«Riccardo, così andiamo avanti all'infinito. Forse è meglio se me lo dici tu cosa ti piacerebbe fare.»

«Il cuoco.»

«Il cuoco?»

«Sì, il cuoco con Manu. A me piace preparare i primi piatti, non le pizze.»

«Ok, diamoci almeno una settimana di prova e poi valutiamo se funziona.»

Con i ragazzi ci vuole pazienza e se riesco ad assecondare le loro inclinazioni è molto meglio. Mi dico che forse su Richi avevo sbagliato la valutazione, forse non ero stato abbastanza attento a lui e alle sue esigenze, assorbito come sono stato anche dall'apertura del locale, dalla preparazione dell'inaugurazione. I ragazzi devono sempre essere al centro dei miei pensieri, loro vengono prima di tutto e non devo dimenticarmelo.

Sapevo fin da subito che l'inizio sarebbe stato faticoso, ma mi sembra che con pazienza stiamo ingranando. Adesso apriamo anche la sala interna e intanto ci è piovuto dal cielo un altro miracolo dei social. Parlo del famoso tendone che avrei dovuto restituire all'oratorio di Cernusco. Soldi per acquistarne uno non ne avevamo: allora ho lanciato un appello su Facebook e nel giro di pochi giorni si è fatta avanti una imprenditrice che era venuta a mangiare la nostra pizza e se ne era andata entusiasta. Rossella, che per me e per i ragazzi d'ora in avanti sarà Fata Rossella, si è offerta di regalarci la tensostruttura con il pavimento. Poi è stata la volta di un'azienda, la Kopron, che ha completato l'opera chiudendo il dehors. Siamo fortunati e benvoluti e questo mi conforta. Le prenotazioni sono sempre in crescita e, come dicevo, ho la sensazione di essere sulla strada giusta: vengono molti dipendenti di aziende della zona per il pranzo di mezzogiorno, vengono alcuni pensionati in coppia o da soli, perché sono più contenti a pranzare in compagnia invece che in casa senza nessuno intorno. Qui si sentono in famiglia perché si affezionano ai ragazzi e i ragazzi a loro. Non sono più soltanto clienti: hanno capito lo spirito della nostra impresa e per loro è come fossero nonne e nonni di un gruppo di nipoti speciali.

Questa è per me una soddisfazione enorme.

Anche oggi affrontiamo un pienone. E in più abbiamo un'ospite che i ragazzi hanno notato subito.

«Nico hai visto? Una suora.» Lorenzo, il TeppAutistico, è incontenibile: «Nico, ma a te ti piacciono le suore?».

«A me piacciono tutte le belle persone» gli rispondo anche io incuriosito da quella presenza.

Hanno adocchiato subito la religiosa col velo, con un grande sorriso e una faccia istintivamente simpatica. È seduta in veranda con altre persone e fa domande a tutti. Vorrei proprio capire chi sia.

«Mi ha chiesto se mi trovo bene qui e da quanto ci lavoro» mi spiega Leonardo.

«Chi ha preso la comanda?»

«Sono stato io» risponde Leonardo e prosegue preciso come sempre: «Voleva capire che sugo hanno le lasagne. Poi mi ha chiesto se poteva non avere i friarielli nella pizza NapolAut. Infine per il bere ha ordinato acqua non fredda».

«E tu cosa hai fatto?»

«Quello che mi hai insegnato tu, Nico. Ho risposto che le lasagne hanno la besciamella e che il ragù lo ha preparato stamattina Emanuele e poi le ho detto che se vuole assaggiare la pizza NapolAut possiamo dire a Matteone di non mettere i friarielli.»

Capisco al volo che la suora sta un po' mettendo alla prova i ragazzi. Meglio che vada a fare un giro.

«Tutto bene a questo tavolo?»

«Benissimo, sono venuta da Roma perché ho tanto sentito parlare di voi ed è davvero come essere in una famiglia.»

«Grazie, sorella. O signora. Scusi, qui vengono preti e vescovi ma non ho tanta dimestichezza con le suore. Come devo chiamarla per evitare gaffe?»

«Veronica.»

⇧ La famiglia Acampora al completo all'inizio dell'avventura PizzAut: da sinistra Nico, Leo in braccio a Stefania e Giulia. © Foto di Valentina Santoro.

⇧ L'amore è l'ingrediente segreto delle pizze di PizzAut.
Nico e sua moglie Stefania hanno dovuto metterne tantissimo
per far lievitare questo progetto. © Foto di Valentina Santoro.

⇧Nico e i primi ragazzi assunti da PizzAut davanti al primo PizzAutoBus. © Foto di Valentina Santoro.

⇩ Il primo gruppo di lavoratori di PizzAut Monza. © PizzAut Onlus.

⇧ Matteone quando impasta dice che il suo ingrediente segreto è l'AMMMMOOOORRRREEEE. © Foto di Valentina Santoro.

⇩ Lorenzo, detto il Polipo, nel suo contratto di lavoro ha una clausola che si chiama Pausa Coccole. © Foto di Valentina Santoro.

⇧ Dicevano che sarebbe stato impossibile… eppure Lorenzo è diventato un cameriere straordinario e porta 5 pizze alla volta. © PizzAut Onlus.

⇩ I ragazzi Aut con il casco protettivo nel cantiere del primo ristorante PizzAut e Matteino che dice «Ma lo devo usare anche quando il ristorante sarà aperto?». © Foto di Valentina Santoro.

⇧ Quando Papa Francesco ha voluto indossare il grembiule di PizzAut abbiamo toccato il cielo con un dito.
© Foto di Valentina Santoro.

⇧ Leo detto il Conte che serve i senzatetto del colonnato di San Pietro. © Foto di Valentina Santoro.

⇧ All'inaugurazione del ristorante di Monza: il Presidente della Repubblica Sergio Mattarella prende per mano PizzAut attraverso il suo fondatore... ma poi abbraccia tutti i ragazzi (non solo metaforicamente). © Foto di Leonello Bertolucci.

⇧ Elio e Nico. Due padri che sono diventati amici ritrovandosi a difendere i diritti dei loro figli e di tutte le persone autistiche.
© Foto di Leonello Bertolucci.

⇧ Andrea, cameriere e violinista, incanta i parlamentari europei suonando per loro l'*Inno alla gioia*. © Foto di Leonello Bertolucci.

⇧ I ragazzi Aut rompono il silenzio anche all'Europarlamento. Nico, Beatrice, Andrea, Alessandro, Leonardo e Simone a Bruxelles. © Foto di Leonello Bertolucci.

⇧ Nico, Matteone e Francescone, non necessariamente in quest'ordine. @ Foto di Valentina Santoro.

Suor Veronica

La vocazione era arrivata quando aveva venticinque anni, viveva a Milano, aveva un fidanzato, un lavoro ben pagato e una vita tutto sommato interessante.

Al fondo, però, un senso di inquietudine la trapassava: Veronica cercava di tenerlo a bada dando ogni volta una spiegazione razionale a quel malessere non meglio definibile.

Ma di razionale c'era poco nella sensazione sempre più netta di non essere al posto giusto e nella storia giusta. Aiutata da un parroco incontrato non per caso, ne era sicura, che le aveva chiesto una mano in oratorio per alcuni ragazzi con disabilità, aveva messo a fuoco la strada alternativa che le si prospettava davanti: donare se stessa a Dio e al prossimo, entrando in convento e prendendo i voti.

Così aveva fatto e l'inquietudine aveva poco alla volta lasciato il passo a una gioia interiore, autentica, piena e da condividere. Ora tutti i tasselli del mosaico della sua esistenza si stavano unendo in quel disegno scritto fin dall'inizio: «Figlia di disabili, sorella di disabile», si presentava sempre così, non poteva che appassionarsi al tema e andare alla ricerca di soluzioni che mettessero al centro la dignità di ogni persona. Un giornalista aveva riassunto la sua storia con un lapidario e poco elegante: dalla sfiga alla sfida. Non ci si riconosceva per la durezza del messaggio e preferiva parlare di prova difficile diventata opportunità. Nata da mamma e papà sordi, la sua prima lingua era sempre stata quella dei segni, la stessa con cui per tutta la vita avrebbe continuato a pensare, sognare e pregare. E poi c'era Chiara, sorella amatissima venuta alla luce con una disabilità molto grave e invalidante di cui in qualche modo aveva sempre dovuto farsi carico insieme al fratello e al resto della famiglia. Impossibile reprimere il desiderio di far tesoro di quella esperienza, delle fatiche affrontate, delle frustrazioni: «Quando c'è un disabile in famiglia, tutta la famiglia è disabile» andava ripetendo.

Dopo aver indossato il velo con le suore francescane alcantarine, Veronica aveva così concentrato i suoi studi sull'argomento che le stava a cuore conseguendo poi un dottorato in Scienze dell'educazione con una tesi sulla pastorale «inclusiva». Grazie anche alla sua sana ostinazione, nel 2017 all'interno della Cei si era inaugurato il servizio per la Pastorale delle persone con disabilità e da quell'osservatorio aveva cominciato a informarsi su progetti e buone pratiche esistenti nel Paese.

Uno dei temi su cui si era specializzata era l'autismo, perché nella sua complicata famiglia («Dovrebbero farci dei test genetici collettivi» scherzava ma non troppo) si contava anche un cugino autistico: la preoccupazione degli zii era cosa sarebbe accaduto al termine della scuola dell'obbligo. Possibile non ci fossero proposte adeguate alle caratteristiche di giovani come lui?

Una risposta era arrivata dai social. L'algoritmo le proponeva sovente i post di PizzAut e questo Nico Acampora le sembrava avesse cercato una soluzione tenendo come bussola il prendersi cura delle persone, prima che dell'autismo. Certo però, bisognava capire meglio per evitare di scoprire che Acampora fosse un illuso o più semplicemente un sognatore privo di senso pratico.

Ma aveva letto anche alcuni articoli di quotidiani che avevano raccontato dell'inaugurazione della pizzeria alla presenza della Presidente del Senato, aveva capito che era stato firmato un contratto a tempo indeterminato per un ragazzo autistico. Inutile continuare a farsi domande: bisognava organizzarsi e andare a Cassina de' Pecchi. Un giorno di fine settembre del 2021 aveva così varcato con grandi aspettative la porta della pizzeria, ed era rimasta subito favorevolmente colpita dal clima familiare che si respirava nel locale.

Si era presentata con amici che avevano prenotato il tavolo alcune settimane prima e un giovane li aveva accompagnati al loro posto in una bella veranda. Il suo occhio competente individuò subito i ragazzi autistici, ed erano quanti? sette, nove, comunque la quasi totalità dei lavoratori che correvano da un tavolo all'altro destreggiandosi fra primi piatti e pizze, comande e vassoi con acqua e birre. Decise di metterli alla prova, voleva essere sicura che quel progetto avesse sostanza e non fosse una finzione ben congegnata.

Così quando un giovane col grembiule rosso si era avvicinato presentandosi e dando loro il benvenuto a PizzAut, aveva recitato la parte della cliente incontentabile. Mentre cambiava apposta idea sull'ordinazione e chiedeva variazioni alla ricetta base della pizza scelta, alternava alla comanda complicata anche domande più tecniche sul numero dei coperti, sull'orario di esercizio, sulla possibilità di fare asporto, sulla tipologia delle birre servite per poi concludere il test con la classica bottiglia di acqua naturale «ma a temperatura ambiente, mi raccomando».

Il suo cameriere non si era mai spazientito, aveva risposto con prontezza e aveva raccolto la comanda sorridendo a lei e al taccuino: prova superata, e in cuor suo suor Veronica ne era davvero felice.

La pizza era molto gustosa e tra un boccone e l'altro aveva continuato a guardare cosa le accadeva intorno per cercare di intuire il livello di autonomia dei ragazzi, la loro effettiva preparazione, la capacità di relazionarsi superando così una delle principali barriere dello spettro autistico. Le riempiva il cuore rendersi conto che tutti i clienti erano sinceramente contenti, sorridevano, scherzavano con i ragazzi. Quell'esperienza portava allegria, oltre a un buon pasto. E non poteva non ascoltare i commenti di chi in coda alla cassa ringraziava, prometteva di tornare, si complimentava per cibo e accoglienza.

Era arrivata al caffè quando Nico, cui non erano sfuggite le molte domande rivolte dalla donna ai ragazzi, si era avvicinato al suo tavolo con aria un po' circospetta ma molto sorridente. «Il caffè lo offro io» esordì malcelando un filo di imbarazzo: «Come la devo chiamare? Mi scusi, ma non ho tanta dimestichezza con le religiose».

La spontaneità dell'approccio glielo aveva reso simpatico. E avevano iniziato a chiacchierare. Lei approfondiva e lui argomentava. Acampora aveva intuito subito di avere di fronte una persona competente: parlava di comunicazione aumentativa, ipersensorialità, autonomie con cognizione di causa. Aveva notato la linea rossa sui tavoli, si era informata sui rapporti con le famiglie, voleva capire come venivano preparati i ragazzi. Insomma; una collega più che una suora, nel senso decisamente limitato in cui la scarsa dimestichezza di Nico con la Chiesa gliela faceva immaginare. Era stata l'ultima domanda di Veronica a spiazzarlo: «Avete mai pensato di preparare le vostre pizze per il Santo Padre?».

Nico aveva sorriso: «Sarebbe un sogno. Questo Papa è davvero un gigante».

«Be', ma tu mi hai spiegato che nessuno deve calpestare i tuoi sogni. Quindi, magari arriverete anche in San Pietro che dici?» Suor Veronica aveva riso divertita vedendo l'aria confusa di Acampora, l'espressione stranita di uno che cerca di capire se la sua interlocutrice è pazza, millanta o se potrebbe accadere un altro piccolo miracolo dei tanti successi da quella notte insonne di qualche anno prima.

Si erano scambiati i numeri di telefono e Nico non vedeva l'ora che quella donna uscisse dal locale per digitare su Google il nome che aveva appuntato sulla tovaglietta di PizzAut: Veronica Donatello. Il responso era arrivato in pochi secondi ed erano tante le pagine a lei dedicate, in cui si elencavano studi, incarichi accademici, ruoli in Vaticano, premi ricevuti. L'attenzione si era concentrata poi sulle fotografie in cui quella suora che era arrivata da Roma per assaggiare la sua pizza stava di fianco a Papa Francesco, gli stringeva le mani, rideva con lui. «Non è una pazza, non sta millantando» si era convinto Nico. «Questa donna ci porterà in Vaticano.» Magari insieme al nostro vescovo: don Luca.

Il vescovo Raimondi

Anche don Luca Raimondi era nato a Cernusco sul Naviglio. Classe 1966, era più grande di Nico ma lo conosceva di vista e sapeva del suo impegno appassionato fra centri giovanili e consiglio comunale. Dopo aver svolto il suo ministero in diverse parrocchie della provincia di Monza e Brianza, nell'aprile 2020 era stato ordinato vescovo ausiliare di Milano: un pastore molto poco istituzionale, «moderno» verrebbe da dire. Un sacerdote vicino alle persone, diretto nelle omelie, aperto al mondo e ai bisogni dei più fragili. Il rapporto con la comunità di Cernusco non era mai mancato ed erano stati gli amici dell'oratorio Paolo VI a invitarlo a un evento durante il quale, nel cortile, sarebbe arrivato il food truck di PizzAut e Nico Acampora avrebbe portato i suoi ragazzi a preparare e servire pizze. Era giugno 2020. Don Luca era rimasto colpito da Acampora e dalla convinzione lucida ed entusiasta con cui aveva spiegato il senso e gli obiettivi del suo progetto. Alla fine, gli era stato chiesto di chiudere la serata e al microfono non aveva usato parole di circostanza.

«Ammiro molto il tuo coraggio, Nico. Ci hai detto di sentirti confuso rispetto alla fede e al rapporto col Signore, ma nella Bibbia non si fa distinzione fra credenti e non credenti: il discrimine semmai è fra chi è schiavo e chi è libero. L'Esodo ci racconta di uomini che si fidano dell'avventura e affrontano l'ignoto mettendosi in cammino e tu, Nico, ti sei messo in cammino. Per me sei più credente di tanti che si professano tali. E i tuoi ragazzi, che mi hanno fatto mangiare davvero un'ottima pizza, sono più vicini a Dio di me.»

Quell'incontro sarebbe stato il primo mattone di una amicizia diventata con il tempo sempre più solida, condita di stima, rispetto e di simpatia. Don Luca era diventato uno dei più grandi sostenitori di PizzAut, che decantava in Curia, nelle parrocchie, ai convegni, con gli altri sacerdoti. E poi era diventato un punto di riferimento anche per i ragazzi: il primo con cui era entrato in sintonia era stato Andrea, il violinista che era alle prese con un momento di incertezza nel cammino di fede sul quale lo avevano accompagnato i genitori fin dall'infanzia ed era davvero molto in crisi soprattutto sull'idea di Inferno e Paradiso. Inferno e Paradiso? Nico, e non succedeva spesso, di fronte a quegli argomenti non sapeva cosa dire e per questo aveva chiamato in soccorso don Luca ricordando che in una occasione gli aveva spiegato: «Chi pensa che le persone con disabilità non abbiano una spiritualità non ha capito nulla e la Chiesa cerca di promuoverla e sostenerla».

Così don Luca era diventato prima per Andrea e poi per altri ragazzi una sorta di padre spirituale. Molto sui generis, come nello stile di questo pastore. Un esempio? Andrea, sempre lui, era molto attirato dall'anello episcopale di cui si era fatto spiegare il senso. E don Luca lo aveva provocato: «Dai Andrea, oggi fai il cameriere indossando l'anello del vescovo». Andrea aveva preso il mandato con grande serietà e aveva raccolto comande e servito pizze tenendo al dito quel segno di vicinanza a Dio che lo faceva sentire più forte e coraggioso. Certo, a fine servizio non era stato semplice spiegargli che avrebbe dovuto renderlo a don Luca: «Quindi, non puoi lasciarmelo per sempre?». E Nico aveva alzato gli occhi al cielo: pensava di essere lui quello matto della compagnia, ma anche questo vescovo non scherzava nulla.

Don Luca era ormai presenza fissa nel locale, riferimento anche per i genitori e per alcuni volontari e ripeteva la bontà di quel progetto in Curia e ovunque gli capitasse. «Se c'è da parlare di PizzAut vado anche da Satana» era la sua dichiarazione di affetto. E quello slancio generoso aveva molto messo in crisi Nico, non certo un tipo da messe e preti. In una occasione lo aveva davvero spiazzato: «Vieni a trovarmi in santuario», quello dei Padri Oblati di Rho dove viveva. E quel mattino lo aveva portato nella imponente chiesa dove ogni giorno celebrava l'Eucaristia: «Che ne dici se oggi la predica la fai tu?». Nico, preso alla sprovvista, era rimasto incollato al pavimento tanto si sentiva inadeguato. Ma don Luca aveva già sistemato sull'altare una sedia per il suo ospite e Nico, stimolato dalla provocazione, aveva raccontato il suo sogno, il suo locale, i suoi ragazzi, la sua fatica, le sue paure e le sue gioie. Alla fine don Luca aveva preso il microfono e si era rivolto ai tanti fedeli: «Avete visto? Quest'uomo non ha mai parlato di Dio, eppure in lui c'è tanto Dio».

Don Luca, insomma, aveva fatto breccia nella sua anima e lo aveva costretto a rimettere in discussione il suo rifiuto di una spiritualità e il suo materialismo granitico. Poi si era messa anche suor Veronica: ma perché gli riusciva così naturale entrare in sintonia con due religiosi?

Don Luca, intanto, si era incontrato con suor Veronica al termine del suo pranzo a PizzAut.

«Sono davvero felice» gli aveva confidato lei «perché credo che PizzAut abbia le potenzialità per crescere ancora e considero Nico Acampora un uomo coraggioso e capace di visione. Mi piace che lui si prenda cura dei suoi ragazzi usando uno sguardo diverso per ognuno, tarato sulle singole caratteristiche e sui singoli bisogni. Mi piace che cerchi di contribuire a costruire la loro autonomia anche dalle piccole cose: incoraggiando Andrea a suonare il violino, controllando a distanza i viaggi di Lorenzo sui mezzi pubblici, spiegando a Francescone che non sarebbe stato salutare mangiare la pizza ogni giorno. E infine mi piace moltissimo che abbia costruito rapporti con le famiglie, coinvolte per dare un contributo e per condividere le decisioni. A me sembra possa funzionare, tu cosa ne dici don Luca?»

«A me colpisce l'idea di affrontare la fragilità di un giovane con una mentalità da imprenditore illuminato. Nico crea lavoro e quando ha davanti i suoi ragazzi non li tratta da autistici ma da persone cui dare dignità attraverso un mestiere. Anche nella Bibbia l'uomo ha dignità attraverso il lavoro, Dio non gli affida il compito di custodire il creato?»

«Quindi?»

«Quindi li dobbiamo portare da Papa Francesco. Tu fai la tua enorme parte con l'ufficio che guidi e la tua straordinaria capacità di creare eventi. Io mando la lettera formale di presentazione e richiesta di udienza.»

Quell'uno-due aveva dato i suoi frutti nel giro di poche settimane. Erano infatti trascorsi meno di tre mesi quando suor Veronica aveva richiamato Acampora: «Nico, hai da fare il primo di aprile? Cerca di liberarti perché vi aspettiamo in udienza dal Papa». Nico era rimasto senza parole: il suo rapporto con la religione era molto complicato, e si era definitivamente allontanato da ogni chiesa dopo che a quattordici anni si era trovato senza un padre che non meritava di morire così giovane, un padre sindacalista sempre impegnato dalla parte dei deboli e con un radicatissimo senso della giustizia, un padre che aveva ancora tanto da insegnargli, ma soprattutto un padre che avrebbe voluto abbracciare ancora e ancora e ancora.

Non era andato neppure al funerale, tanto era stato il dolore per quello strappo, un dolore tramutatosi poi in rabbia, ribellione, fuga. Diventato adulto, pensava di avere fatto pace con quei sentimenti, ma quando era nato Leo era ripiombato nel buio: «Non può esistere un Dio che mi fa tutto questo male».

E adesso? Il primo rappresentante di Dio in terra aspettava davvero lui? Suor Veronica era ancora al cellulare: «Nico, mi hai sentito? La prossima settimana cerco di tornare a Milano, così ci vediamo e ti spiego meglio».

Subito dopo le vacanze di Natale, quella donna vulcanica era tornata in pizzeria, accolta con gioia dai ragazzi ai quali era già stata annunciata l'importante trasferta. Inquadrò a Nico il contesto dell'evento.

«Era un po' di tempo che volevo proporre un incontro sul tema dell'autismo. Alla fine, dopo aver parlato con tanti esperti e aver conosciuto direttamente alcune realtà, sono tornata dal Papa con la mia proposta. E lui mi ha detto di sì.»

«E cosa succederà quel giorno?»

«Prima verrete in udienza privata dal Papa: oltre a te e alla tua squadra ci saranno don Andrea Bonsignori con tutto il seguito di BreakCotto e poi le persone della Federazione Italiana Autismo. Vogliamo che protagonisti siano i ragazzi autistici, quelli più gravi e quelli meno, che il Papa li veda, incontri le loro famiglie, gli educatori, i volontari e chiunque li aiuti. E poi mi piacerebbe che si potesse anche assaggiare la vostra pizza, che dici Nico, si può fare?»

Nelle settimane successive erano stati messi a punto tutti i particolari ed erano stati superati gli ostacoli burocratici che in teoria e per evidenti ragioni di sicurezza avrebbero impedito ai food truck di sostare di fronte al colonnato del Bernini. A suon di carte bollate, permessi, assicurazioni, la sceneggiatura della mattinata aveva preso corpo e suor Veronica era sicura che sarebbe stata indimenticabile.

La squadra di pizzaioli e camerieri era stata concordata con le famiglie: guidati da don Luca sarebbero partiti Lollo, Matteone, Matteino, Lorenzo il Teppa, Gabriele, Leonardo e Jacopo, uno tra gli ultimi tirocinanti entrato a far parte della squadra. Nico era arrivato a Roma due giorni prima e ne aveva approfittato per fare una micro vacanza con la famiglia, che aveva trascurato molto da quando era stata aperta la pizzeria. E il regalo più grande gli era arrivato da sua figlia, dalla sua dolce Giulietta che davanti alla prima carbonara della trasferta gli aveva aperto il cuore: «Papà, sono davvero super fiera di te. Sai perché? Perché metti la stessa energia e la stessa passione per parlare ai ragazzi Aut, alle classi delle elementari, per servire le pizze e per andare in udienza da Papa Francesco».

Il mattino dell'incontro, Leo era molto agitato perché intuiva dalla fibrillazione intorno a lui che stava per succedere qualcosa di importante. Stefania, la sua mamma, gli aveva spiegato che avrebbe incontrato il Papa, che nella sua testa era il capo degli Jedi, e per questo aveva deciso di portare la sua spada laser, convinto che gli sarebbe piaciuta molto. In fila durante i controlli, però, già gli addetti del Vaticano avevano spiegato che quella spada non avrebbe potuto entrare in San Pietro.

«Ma è un giocattolo» aveva obiettato Nico. Le guardie al metal detector erano state ancora più perentorie: «O lasciate qui la spada o non entrate».

«Mio figlio è autistico, non si separa mai dalla spada.»

«Mi spiace, ma noi dobbiamo seguire i protocolli e far rispettare le regole. E la spada non può essere introdotta.»

«Ma cosa volete che faccia? È un bambino di undici anni, non un terrorista.»

Don Luca, con il suo fare deciso e lo zucchetto color rubino che in Vaticano funzionava meglio di un lasciapassare timbrato, era venuto in soccorso e si era rivolto direttamente alle guardie.

«Che succede qui? Ci sono problemi?»

«Eccellenza ci scusi, ma non possiamo far entrare il bambino se non lascia qui la sua spada.»

«La spada? Intende questa?» e con un rapido gesto l'aveva sfilata dalla mano di Leo: «Questa spada è mia, io sono don Luca Skywalker, l'ultimo Jedi del clero. E capite anche voi che non posso farne a meno, anzi penso proprio che la mostrerò anche al Papa».

Grandi risate e problema risolto.

L'allegra confusione nella meravigliosa Sala Clementina, una delle sale del Palazzo Apostolico accanto alla basilica di San Pietro, con più di trecento persone riunite per raccontare l'altra faccia dell'autismo, si era interrotta quando dalla porta laterale era sbucato il Papa. Quell'uomo con il passo affaticato era stato accolto da un applauso scrosciante e in molti, credenti o non che fossero, non avevano trattenuto le lacrime per l'emozione.

Suor Veronica aveva chiesto a Filippo, un giovane autistico ventenne, di essere lui a fare il saluto introduttivo. E Filippo si era rivolto direttamente a Francesco, ringraziandolo «perché ci ha fatto sentire la sua vicinanza e la sua voce, che è la voce di moltissime persone che voce spesso non hanno». Nel pubblico, un bambino autistico di cinque o sei anni aveva cominciato a piangere e strepitare e inutilmente la mamma aveva cercato di calmarlo. Il bimbo era riuscito a sfilarsi dalla sua mano ed era corso verso il Papa che con uno sguardo aveva bloccato i valletti intenzionati a fermare il «disturbatore». Il bimbo, accucciolato vicino alle gambe del Papa, aveva così smesso di piangere e pareva ascoltare anche lui le parole di Filippo.

Forse ispirato da quella scena, il giovane testimone aveva ricordato i tanti ragazzi e bambini con una situazione più grave della sua, che gli specialisti definirebbero ad alto funzionamento: «Tanti non sono in grado di parlare o di fare gesti semplici, e più di altri hanno bisogno di essere seguiti». In terza fila i ragazzi di PizzAut ascoltavano parola per parola, mentre Leonardo detto il Conte teneva sulle ginocchia la pizza preparata per l'occasione, che alla fine avrebbe dovuto consegnare al Pontefice: «Ho paura che si stia raffreddando troppo», era la sua unica preoccupazione. E aveva ragione, perché i ragazzi con Nico avevano inventato una nuova ricetta dedicata a Papa Francesco e alla sua enciclica *Laudato si'*: la pizza «Cantico delle Creature» con la patata che rappresentava la terra, il pomodoro rosso come il fuoco, i pomodorini gialli e rossi che erano le stelle; infine una spruzzata di pepe e curcuma, «come il vento e il tempo che uniscono tutti da un continente all'altro» aveva spiegato Nico a suor Veronica. E la pizza «Cantico delle Creature» doveva essere consumata calda, al massimo tiepida...

Le parole del Papa erano state importanti, anche perché aveva parlato di lavoro «che è dignità e realizzazione». E li aveva citati per esteso: «PizzAut e Break-Cotto sono un esempio, che si può fare, si può e si deve cercare di dare una prospettiva di dignità».

Proprio il Santo Padre aveva poi annunciato che, subito dopo la benedizione, i giovani autistici avrebbero cucinato e distribuito le pizze ai senzatetto che vivono all'ombra di San Pietro e avrebbero ricevuto uno zainetto con alcune merendine e il caffè caldo come si può trovare nelle macchinette distributrici ideate dai giovani di don Andrea.

Il rovesciamento dei ruoli: «Sarete voi il buon samaritano» li aveva esortati Papa Francesco. Nico e suor Veronica erano riusciti a scambiarsi uno sguardo e ciascuno aveva letto la commozione negli occhi dell'altro. Il paradigma si era ribaltato: ragazzi ingiustamente visti come inutili, come scarto della società o zavorre dell'assistenza, stavano diventando loro stessi volontari. Lorenzo non aveva capito bene quella storia del samaritano citata dal Papa e aveva chiesto a Nico una spiegazione. Nico, con poche parole, gli aveva riassunto la parabola dell'uomo che si era fermato davanti a uno sconosciuto riverso a terra. Lorenzo si era illuminato: «Allora facciamo in fretta, che io prima di entrare ne avevo già viste di persone a terra. Voglio andare a fare il samaritano».

Nico gli aveva sorriso, ma aveva ancora una missione da portare a termine e per questo si era avvicinato al Pontefice, insieme a suor Veronica e don Luca, che lo avevano presentato.

E la stretta di mano di Bergoglio gli aveva regalato un calore arrivato fino al cuore. «Santità, lei oggi ci ha fatto un regalo meraviglioso. Posso farle anche io un piccolo regalo? Posso metterle il grembiule di PizzAut, che vuole dire dignità e vita?»

Il Papa aveva sorriso: «Come il tuo?» aveva chiesto indicando il capo rosso stretto intorno alla vita di Nico. «Mi piace moltissimo.»

E Nico, in mezzo ai suoi ragazzi impazziti di gioia e ai genitori in lacrime incapaci perfino di scattare una fotografia tanta era l'emozione, aveva infilato la divisa dei pizzaioli autistici al collo del Papa. Don Luca si era nuovamente rivolto al Pontefice: «Santità, vuole salutare i genitori di questi ragazzi? Io li conosco bene e le garantisco che sono loro i veri eroi».

E il Papa si era subito voltato col suo sguardo paterno verso mamme e papà e li aveva salutati alzando il pollice nel gesto di PizzAut.

Adesso sì, «il Papa è uno di noi».

E poi via, tutti insieme con dentro un'energia e un entusiasmo incontenibili, tutti in piazza San Pietro: «Ragazzi, cominciamo il servizio». E loro non aspettavano altro, perché adesso lavoravano anche con la benedizione, in tutti i sensi, di Papa Francesco. Suor Veronica pareva volare in mezzo a tanta gioia: era colpita dalla naturalezza con cui quei ragazzi si accostavano ai senza tetto, chiedendo loro quale pizza preferissero, spiegando chi erano e cosa stavano facendo, cos'era il food truck, e dove avevano la pizzeria.

Una corrente di umanità attraversava quelle persone e regalava incontri straordinari. Andrea aveva avvicinato un uomo che gli aveva spiegato di essere stato un pittore: anche lui aveva la stessa passione, ma nessuno l'aveva mai incoraggiata. Lo fece quell'uomo che per sdebitarsi di quella fetta calda di forno e amore disegnò, sul retro del cartone della pizza, un volto di Cristo.

Leonardo correva da un lato all'altro della piazza per servire donne e uomini senza casa, con i capelli sudici, le unghie sporche, gli abiti indossati goffamente. Dedicava loro la stessa gentilezza e la stessa professionalità che usava ai tavoli di Cassina de' Pecchi e Nico lo elogiò per questo. Ma Leonardo non capì il complimento: «E perché, c'è differenza?».

Sono felice, sono felice, sono felice

«Perché, Nico?»

Mia moglie Stefania mi chiede sempre perché mi è venuta l'idea di aprire una seconda pizzeria, ma la sua domanda ne nasconde mille che non vuole esplicitare per amore di coppia: non avevo già abbastanza complicato la mia e la nostra vita con un locale? Perché raddoppiare le preoccupazioni e le responsabilità? Quando staremo un po' tranquilli? Quando riprenderemo a fare un fine settimana in famiglia? O quando, più semplicemente, torneremo a cenare a casa tutti insieme?

«Nico, la verità è che sei un irrequieto e non riesci proprio a stare fermo.»

«Stefania, nessuno mi conosce meglio di te. Però sai anche che PizzAut è nata per dare lavoro ai ragazzi autistici e, per il bisogno che c'è in Italia, ci dovrebbe essere una PizzAut in ogni città. Qui a Cassina gli spazi sono limitati e non potrei aggiungere un solo contratto, ma quante famiglie ci stanno chiedendo una mano?»

«Mi stai dicendo che pensi di risolvere il problema di 600.000 autistici in Italia? Nico, qualcuno deve riportarti con i piedi per terra: hai già fatto un'impresa, hai già dimostrato che esiste un modo diverso per affrontare la disabilità, hai preso ragazzi che non dicevano una parola e oggi si muovono fra i tavoli a raccogliere comande, stai firmando contratti a tempo indeterminato a giovani che erano reclusi tra casa e un centro diurno. Cosa vuoi fare ancora?»

«Aprire un'altra pizzeria, più grande, e dare vita a una Accademia per formare pizzaioli e camerieri autistici. Vorrei altri contratti di lavoro, vorrei altri ragazzi Aut felici.»

«E a noi, Nico? Pensi mai a noi? Giulia sta diventando grande e se non stai con lei ora, quando andrai tu a cercarla lei sarà altrove, già adulta. E Leo? Nostro figlio tra poco dovrà affrontare le scuole superiori: ti chiedi mai come stia? Come lo trattino i suoi coetanei? Ti chiedi mai se sarà in grado un giorno di tenere in mano un tagliere o di stare in una cucina? Perché io ho paura del futuro.»

«Ho paura anche io. E forse occuparmi degli altri e vedere che ce la fanno mi fa sperare che ce la farà anche Leo.»

«Sei un testone, Nico Acampora. E se parli così vuole dire che hai già tutto in testa, ti conosco. Vuota il sacco...»

«Qualche giorno fa è arrivato al locale un tizio che

ha chiesto a Christian di me. T-shirt verde e jeans, un cliente come tanti. Invece si è presentato e mi ha raccontato la sua idea: si chiama Bellazzi, ha un'impresa che sviluppa progetti urbanistici e sta pensando al recupero dell'area ex Philips di Monza.»

«Quella dove hanno fatto l'hub vaccinale durante il Covid?»

«Esattamente. Ti ricordi che noi eravamo andati lì durante la pandemia con il food truck a fare le pizze? Lui dice che gli avevo spiegato la nostra iniziativa, circostanza che ovviamente non ricordo. Ma ecco, ci ha rimuginato su, ne ha parlato con Paolo Meregalli, quello del gruppo Facebook Easy Monza, è venuto una volta a Cassina in incognito a vedere come funziona e adesso ha una proposta.»

«Sono già preoccupata.»

«Lui ci metterebbe a disposizione, con un affitto di 6 anni più altri 6, un pezzo di quell'area che più o meno corrisponde alla mensa che aveva la Philips. Potremmo costruire lì il secondo ristorante, ma su oltre mille metri quadrati. Ci pensi Stefania? Avrei spazio anche per l'Accademia di formazione e ci sarebbero più coperti che a Cassina: cioè più assunzioni. Che ne dici?»

«Dico che me lo stai raccontando soltanto per toglierti il peso, ma hai già deciso. E, come sempre, io sono con te: ti avevo promesso nella buona e nella cattiva sorte, non so se questa trovata sia buona o cattiva ma io sono al tuo fianco.»

Quanto amo questa donna. Stefania è piombata nella

mia vita sgangherata quando avevo trent'anni e forse mi ero rassegnato all'idea che non avrei mai messo su famiglia. C'era un concerto al centro sociale Leoncavallo e un amico era arrivato in compagnia di questa ragazza minuta, con un paio di occhiali colorati sul naso, che faceva l'infermiera e amava la pizzica pugliese. Io avevo cominciato a fare il simpatico, ma lei mi teneva un po' alla larga e a una sua amica aveva confidato: «Certo che è brutto forte quello lì, però è interessante...».

Poi però ci eravamo messi in disparte con una birra a parlare di pizzica, di Puglia, del suo lavoro e del mio e a scoprire idee, passioni e aspirazioni in comune: e i punti d'intesa erano tanti, perfino il fatto di avere lei un fratello educatore come me e io una sorella infermiera come lei.

È stato un piacere corteggiarla: ogni volta mi sembrava contenta di vederci e parlarci anche se poi spariva, e io non capivo perché, mi dicevo che forse ero preceduto dalla fama di scapolone impenitente che per una brava ragazza come lei era poco allettante. Ma intanto passavamo sempre più tempo insieme e, anche per conciliare i nostri ritmi di lavoro disallineati, quasi senza rendercene conto, ci eravamo trovati a convivere a casa sua. Le ho chiesto di sposarmi quasi subito, forse erano passati sette mesi dal primo bacio, e la sua risposta è stata prontissima: «Non è che prima ci facciamo una bella vacanza?».

Lei pensava a un albergo, io a un campeggio: abbiamo trovato un compromesso e abbiamo organizzato la nostra prima uscita su un piccolo camper.

Ci siamo sposati a giugno 2004 e la sera prima mi ha chiamato per farmi la dichiarazione d'amore più bella del mondo, parole che sono scolpite nella mia testa e nel mio cuore: «Nico Acampora, so che con te non sarà un matrimonio facile: ma tu sei l'incastro preciso del pezzo di mela che sono io. So che sei un disordinato, pasticcione e istintivo, ma so che ci sarai ogni volta che avrò bisogno di te. Prima di incontrarti pensavo anche che non avrei voluto figli perché questo mondo è troppo storto, ma da quando ti ho conosciuto penso che forse un pochino lo potremmo raddrizzare insieme. Quindi, ti sposo e preparati perché ho grandi progetti per noi». In realtà, il mattino dopo si era presentata in Comune con un'ora di ritardo e, un po' preoccupato, a un certo punto mi ero rivolto ai miei amici: «Be', ragazzi, mi sa che ha cambiato idea e ci conviene andare a casa...». Invece aveva solo perso uno zio in un parcheggio e alla fine, eccola lì che mi sembra di rivederla anche ora: raggiante, bellissima, unica. La mia Stefania.

Giulia, da sempre una bimba decisa e dolce, era arrivata due anni dopo quel «sì» e poi era stata la volta di Leo.

Senza Stefania sarei morto dopo la diagnosi di autismo, lei che non ha mai mollato, che litigava con me per scuotermi, che teneva in piedi la famiglia facendo turni pesanti in corsia.

Ho accanto una donna straordinaria che ha accettato anche i miei tanti difetti, che ogni volta mi saluta con un bacio e che ha fatto incorniciare un disegno fatto da Leo in seconda media, quando le insegnanti avevano invitato ogni alunno a scrivere una frase per descriversi. E Leo sotto a un suo autoritratto con un pastello rosso aveva aggiunto in stampatello maiuscolo: «Sono felice, sono felice, sono felice».

Quella sera Stefania mi aveva abbracciato: «Siamo due genitori fortunati».

Ed è forse per questa sua capacità di far uscire sempre la parte migliore in ogni momento che ho voluto condividere con lei la mia vita e anche l'idea della seconda pizzeria. Perché lo so che è un passo azzardato, però sento che devo affrontarlo anche per sfruttare il momento di attenzione sul tema autismo che l'apertura del primo locale ha creato. Era prevista Monza, perché una città capoluogo offre più possibilità, è più raggiungibile, può essere più interessante per clienti e aziende che cercherò di coinvolgere nella realizzazione.

A Monza avevamo fatto alcuni dei nostri Assaggi di PizzAut e già nel 2018 in alcuni bar e ristoranti avevamo avuto il permesso di lasciare le nostre teche per raccogliere fondi da destinare tutti a PizzAut e al progetto. Con gli amici del Tortellante avevamo partecipato a un evento organizzato in Villa Reale dall'amministrazione comunale di allora, tre serate intitolate «L'inclusione reale» in cui ci eravamo presentati.

E da allora un gruppo Facebook monzese, Easy Monza, aveva cominciato a seguirci e a darci una mano, soprattutto con due volontari, Paolo Meregalli e Sonia Diligenti, i due amministratori del gruppo

Facebook Easy Monza. Lui è un professionista, lei è l'unica parrucchiera della galassia conosciuta – per usare una immagine a noi cara – che riesce a tagliare i capelli a Leo, tenendolo fermo sulla poltrona, urlando se lui urla, correndo se lui corre, saltando se lui salta.

A guardarli insieme sembrano due pazzi, in realtà Sonia è una donna empatica che senza aver mai studiato manuali di psicologia ha scoperto la chiave per entrare in sintonia con nostro figlio. Tutto questo per dire che Monza era un po' nel nostro destino da sempre. E, come spesso mi accade, le situazioni si risolvono da sole, senza che io quasi me ne renda conto: forse ha ragione il vescovo don Luca Raimondi quando dice che la Provvidenza ci sta dando una mano.

Così quando mi ero presentato al primo sopralluogo sull'area ex Philips c'era anche l'architetto che stava seguendo il progetto di Burger King, locale che sorgerà accanto al nostro. Si chiama Carlo Orlandi e alla fine di quel pomeriggio mi si era avvicinato: «Acampora, la sua idea di inclusione e di diritto al lavoro per tutti mi sembra molto convincente e visionaria. Ma lei ha già un architetto per Monza? Un responsabile di cantiere? Un progettista?».

«Ci vuole tutta 'sta gente? Serve anche un responsabile di cantiere? Ovviamente no, non ho proprio nessuno...»

«Allora, se le interessa, glieli presento: piacere, Carlo Orlandi.»

Questa disponibilità generosa mi dà la forza di firmare. È il 27 novembre 2022, trattengo il fiato, chiudo gli occhi e siglo l'incarico per ristrutturare e arredare quello che sarà il secondo ristorante PizzAut: un locale di 1200 metri quadrati dove potremo far lavorare altri venticinque ragazzi autistici, dando loro dignità, competenze e speranza di un futuro migliore.

Mi pare di ascoltare la voce di Lorenzo, che mi ripete sempre: «Nico, prima di conoscere te andavo ogni giorno in un centro diurno e ogni giorno lì dentro morivo un po'».

Ha ragione Stefania quando dice che non posso pensare di assumere tutti i 600.000 autistici in Italia, e so anche che non tutti hanno le potenzialità per diventare pizzaioli e camerieri.

Ma se ci sono ragazzi che queste capacità le hanno e vanno soltanto coltivate e un poco indirizzate, perché non provarci?

Qui a Monza potrò anche realizzare Aut Academy, una specie di corso formativo che prepari al mondo della ristorazione, e poi nel progetto abbiamo inserito anche due mini alloggi dove i ragazzi potranno fermarsi per dormire e sperimentare la vita autonoma, abituandosi a stare da soli, ma sempre sotto controllo di coloro con i quali lavorano.

Guardo Orlandi e so già che diventerà un collaboratore prezioso: grazie a lui abbiamo individuato l'impresa costruttrice, abbiamo messo insieme tutti i professionisti necessari per fare di Monza un upgrade, in tutti i sensi, del ristorante di Cassina.

E oggi che ho firmato sappiamo già che entro aprile 2022 inaugureremo la nuova sede.

Una pazzia? Forse.

Serviranno tantissime risorse? Certo.

Le abbiamo? Non ancora, ma le troveremo e questa volta, oltre al supporto dei singoli che ci seguono sui social o vengono a mangiare da noi, ho bisogno di coinvolgere le aziende. Alcune sono già state ingaggiate in questi anni: penso alla Coop, alla Kopron, a Toys Center. Ma non bastano e come sempre userò i social per moltiplicare la mia richiesta di aiuto.

Ora però devo tornare a Cassina, perché se voglio aprire un secondo locale devo essere sicuro che il primo possa camminare sulle sue gambe. Ora stiamo lavorando davvero a pieno regime: abbiamo iniziato a gestire le prenotazioni con la app di The Fork, che per sostenere il progetto di inclusione ci mette a disposizione gratuitamente i suoi strumenti, e Christian ha il mio stesso accesso per controllare i posti di ogni serata.

Qualche settimana fa c'era stato un malinteso con due associazioni che avrebbero dovuto festeggiare da noi un loro anniversario e che alle undici di sera del sabato ci avevano chiamato per dire che il giorno dopo non sarebbero arrivati a pranzo.

Un buco da 150 posti avrebbe creato un problema enorme a ogni ristoratore. Dopo essermi preso un Maalox ero andato sul nostro account di Facebook e verso mezzanotte avevo lanciato l'sos: si sono liberati 150 coperti, venite a mangiare la nostra pizza?

Ero andato a dormire sperando che avvenisse il miracolo e alle quattro del mattino, già sveglio come spesso mi succede, avevo smanettato sullo smartphone scoprendo che durante la notte erano fioccate le prenotazioni.

La risposta così generosa e immediata delle persone è un'iniezione di fiducia che mi restituisce carica quando sono preoccupato e stanco.

Anche di questo bell'episodio, così come di tanti altri, si erano occupati i giornali e le televisioni nei giorni successivi: per fortuna c'è chi segue al posto mio la rassegna stampa, ormai molto affollata. La mia preziosissima collaboratrice volontaria Paola, oltre all'insospettabile pizzaiolo Matteino. Proprio lui una sera durante il turno, mi fa preoccupare: «Nico, ho bisogno di fermarmi».

«Che succede Matteo? Siamo in pieno servizio, non stai bene?»

«Sto bene, ma devo fare una pausa di bellezza.»

«Una pausa di cosa?»

«Di bellezza: vieni con me per favore.»

Inutile far notare al mio secondo cuoco che non era il momento più adatto per sparire: stavano uscendo pizze e primi piatti, c'era gente in attesa di sedersi, c'erano tavoli da sparecchiare, birre da spillare.

Preso per mano, mi ero lasciato condurre nella zona spogliatoio. Matteino aveva aperto il suo armadietto ed ero rimasto a bocca spalancata: l'antina e gli interni erano stati tutti pazientemente foderati da ritagli stampa dove si parlava di PizzAut, dalle prime uscite con gli Assaggi, all'apparizione in tv, quasi tutte le interviste che mi avevano fatto nei mesi, l'inaugurazione di Cassina, Elio che parlava di noi, le foto di altri vip che erano passati a pranzo o a cena e altro ancora.

«Quando sono stanco vengo qui e questa è la mia pausa di bellezza» mi aveva sorriso Matteino.

Eravamo rimasti un po' a leggere i titoli e poi lo avevo convinto a rientrare in sala dove ovviamente avevamo accumulato più di qualche minuto di ritardo. Per questo, avevo preso il microfono e avevo spiegato a tutti cosa era accaduto: «Ci dovete scusare se il servizio si è un po' rallentato. Ma Matteino, il nostro pizzaiolo, mi ha invitato a una pausa di bellezza». E avevo spiegato la meraviglia di quell'armadietto.

L'applauso rivolto a Matteino mi aveva dimostrato una volta di più che non solo PizzAut è speciale e non solo i miei ragazzi lo sono: sono speciali anche i nostri clienti, che vengono non soltanto per mangiare la pizza più buona della galassia conosciuta ma anche per condividere un progetto di bellezza, come direbbe Matteino.

Così anche quella sera ci eravamo commossi e dalla cassa mi era venuta incontro per abbracciarmi forte Antonella, la mamma di Matteo, uno dei pilastri di Cassina insieme a un'altra «mamma-Aut».

Marzia.

Marzia

Marzia era uscita sconvolta dall'incontro con la neuropsichiatra e le rimbombava nel cuore quella frase come se qualcuno gliela avesse scolpita dentro: «Signora, non stia a perdere tempo, sarebbe fatica inutile».

Il suo cervello era rimasto appeso lì, ricordava a fatica il resto delle frasi che l'avevano investita seduta alla scrivania, mentre con la matita la dottoressa inanellava cerchietti sui risultati dei test cognitivi e comportamentali di Leonardo, mostrandoli a lei e al marito Roberto e chiudendo con quella matita ogni spiraglio di possibile futuro.

Lui cercava di interloquire, di individuare una speranza cui aggrapparsi. Marzia invece era ferma là: «Signora, non stia a perdere tempo, sarebbe fatica inutile». *Fatica inutile?*

Ma come? Lei conosceva Leo meglio di chiunque altro e sapeva che nascondeva molte capacità che gli avrebbero consentito di imparare: aveva molta memoria, era un bambino curioso, quando qualcuno gli parlava sapeva prestare attenzione anche per un periodo lungo. Certo non poteva rassegnarsi all'idea di mandare suo figlio a scuola solo a far passare il tempo in attesa della campanella.

«Mio figlio non andrà in classe a pascolare» ripeté al marito mentre in macchina tornavano a casa.

«Marzia, troveremo una soluzione.» Roberto cercò di rassicurare la moglie come faceva ogni volta: non aveva bisogno di chiederle cosa avesse, perché sentiva la sua rabbia e il suo smarrimento come fossero urlati.

«Ma come ha potuto parlarci così?»

«È un medico, stava cercando di evitarti delusioni e ha scelto il modo più diretto per farlo.»

«Come ha potuto? Cosa sa lei di Leonardo?» E si rituffò nel silenzio.

I nonni vennero ad aprire la porta, Leonardo le corse incontro buttandole le braccia al collo e Marzia cercò di dissimulare il suo stato d'animo: «Tutto bene, vi spieghiamo domani ché adesso prepariamo la cena».

Marzia congedò i genitori ringraziandoli per essere rimasti con i bambini, chiuse la porta e con la testa ferma sui suoi pensieri cercò di ripetere meccanicamente i gesti di ogni sera: mise in tavola una pasta scondita che i ragazzi cercarono di insaporire con generose spruzzate di maionese e ketchup ma evitò di rimproverarli. Cercò di sorridere e di farsi vedere tranquilla soprattutto con Leo, che percepiva ogni minima tensione e ne restava turbato a sua volta.

Ascoltò distrattamente i programmi del giorno dopo di Jacopo che aveva il corso di basket nella palestra nuova e infine cominciò a sparecchiare chiedendo al marito di mettere i figli a letto.

Roberto conosceva la moglie, sapeva che aveva bisogno di tempo e di stare sola. Prese in braccio Leonardo, invitò Jacopo ad andare in camera sua. Marzia finì di lavare e asciugare i piatti, ripiegò gli strofinacci con cura fin troppo meticolosa, controllò ci fosse in frigorifero il latte per il mattino dopo, andò in camera a dare un bacio ai figli augurando loro la buonanotte e tornò in cucina. Si fece un caffè e restò a guardare fuori dalla vetrata che dava sui campi.

Pensava.

Roberto la scosse: «Vieni a dormire anche tu? Domani saremo più lucidi e decideremo cosa fare».

«Comincia ad andare, non preoccuparti. Ho bisogno di riprendermi dopo questa giornata.»

Roberto la salutò con un bacio che ricambiò: per fortuna c'era lui. Ma rimasta sola nel buio cominciò a riflettere su come avrebbe potuto aiutare Leonardo che di lì a pochi mesi avrebbe esordito in prima elementare. La decisione non arrivò subito, ma nella testa le si stava facendo chiaro che quel bimbo avrebbe potuto crescere e imparare solo se avesse avuto accanto una persona ad aiutarlo e quella persona poteva essere soltanto lei.

Da quella notte e dall'incontro con la neuropsichiatra che aveva mostrato i risultati dei test cognitivi passarono pochi mesi. Marzia aveva lasciato il suo lavoro, un ruolo di responsabilità in una multinazionale che si era conquistato pezzetto per pezzetto: si era detta che avrebbe continuato la sua carriera a casa e, con molte lacrime e molta fatica, aveva chiuso un capitolo lungo venticinque anni della sua vita per iniziarne uno nuovo.

Una sfida: sulla cartella clinica la neuropsichiatra l'aveva bollata come «madre interferente». Lei avrebbe dimostrato a quella donna e al mondo che voleva «sostenere», non «interferire». Era diventata così l'insegnante di sostegno di suo figlio: la scuola la teneva allineata sul programma della classe e lei a casa rifaceva la lezione a misura di Leonardo. Bisognava studiare le tabelline? A Leo piaceva molto cantare e lei inventò la canzone dei multipli del 2, poi quella del 3, del 4 e così via.

La cucina si era trasformata in una seconda aula: «Se Leo ha memoria visiva, posso insegnargli molti concetti appendendoli al muro» si era detta. E quelle pareti si erano riempite di grafici, concetti a catena, frasi scritte in stampatello maiuscolo. Era diventata un'esperta di pennarelli colorati, evidenziatori, frecce, diagrammi: prima semplici e poi sempre più articolati come i concetti che di lì passavano. Che fosse una poesia o le regioni d'Italia, le date più importanti e i nomi dei dinosauri.

Giorno dopo giorno Marzia prendeva la lezione fatta in classe, la adattava alla mente di Leonardo e la rifaceva con lui. Leo la seguiva, si divertiva anche: a cena alla sera ripetere quello che aveva appreso era diventato un gioco e anche Jacopo aspettava ogni giorno di vedere come si sarebbe trasformato quel muro ed era fiero dei progressi del fratello.

«Dai Leo, prova anche con questo dinosauro che è bellissimo: si chiama pterodattilo, prova a ripetere con me.» Una parola difficile e quelle due consonanti iniziali avrebbero spaventato chiunque, ma non lui. Passarono giorni di prove e inciampi e qualche lacrima. Ma il pomeriggio che Leo aveva scandito sicuro «Pterodattilo», era stata festa per tutti.

In questo modo, tra un progresso e una caduta, Leo aveva concluso le elementari e anche le medie e si era iscritto alla scuola superiore. La famiglia intanto si era allargata: Marzia e Roberto, «mettendo insieme coraggio e incoscienza», come lei confidava alle sue amiche, decisero che una sorellina sarebbe stata una benedizione per tutti. Dodici anni dopo la nascita di Leo, era arrivata Paola. Giorno dopo giorno, anno dopo anno, quel solido nucleo aveva trovato un suo equilibrio. Marzia però guardava sempre avanti e ora il suo problema era cosa avrebbe potuto fare suo figlio dopo le scuole. Non lo aveva fatto «pascolare» in classe, non lo avrebbe consentito neppure ora che era diventato un ragazzo desideroso di nuove esperienze.

Aveva trovato la risposta sulla pagina di un giornale locale che stava sfogliando dal parrucchiere. «Faccio le pizze con i ragazzi autistici», il titolo aveva catturato la sua attenzione e aveva letto le dichiarazioni di quel tipo con la barba disordinata e la stazza da Babbo Natale: «Il nostro progetto non si concentra sull'autismo, ma sui ragazzi». Esatto! Quella era la strada che anche lei stava percorrendo con Leo: non concentrarsi sull'autismo ma su di lui, non sul suo limite ma sulle sue capacità, non sul suo male, ma sul suo bene.

Aveva chiesto alla parrucchiera di poter strappare quella pagina ed era tornata a casa ansiosa di mostrarla a Roberto.

«Leggi questo articolo. Leonardo deve andare a PizzAut.»

Roberto aveva scorso velocemente la pagina strappata, incuriosito. Una volta letta, aveva alzato gli occhi e aveva fissato la moglie: «PizzAut, dunque. E come li troviamo?».

«Non preoccuparti, non sarà questo particolare a fermarmi» aveva risposto lei. Il giorno dopo, grazie a un giro di chiamate e a una catena di amici di amici e grazie al fatto che questo Nico Acampora viveva non lontano da dove abitavano loro, Marzia aveva memorizzato il prezioso numero del suo cellulare.

«Gli hai parlato?» le aveva chiesto Roberto il giorno seguente.

«Non mi risponde, ho anche lasciato qualche messaggio, ma nulla.»

«E tu insisti.»

«Sì, certo. Ma non vorrei pensasse che sono una stalker.»

Dopo tre giorni di chiamate a vuoto e sms senza seguito, aveva deciso di osare alle 7.30 del mattino. Un po' troppo maleducata? Forse, ma alla fine cosa aveva da perdere? E poi se Nico era il papà di un bimbo autistico, l'avrebbe capita. Uno squillo, due squilli.

«Pronto?»

«Pronto? Parlo con Nico Acampora?»

«Sono io.»

«Mi chiamo Marzia, mio figlio Leo è autistico e io ho letto di PizzAut, quando posso parlarle?» Così, tutto d'un fiato.

Aveva sentito in risposta una risata che le era arrivata al cuore: «Ora o mai più Marzia, sono in tangenziale con il vivavoce e posso ascoltarti».

Marzia aveva condensato in poche parole una vita e cento speranze. Nico non l'aveva interrotta e alla fine l'aveva invitata: «Venite una sera in uno dei ristoranti dove facciamo servizio, vieni a cercarmi e porta Leo. Così vediamo cosa possiamo combinare».

Aveva riattaccato con il cuore più leggero. E aveva pensato di non mollare l'osso. Era andata su Facebook, aveva cercato la pagina di Nico per capire quali erano i programmi delle serate con i ragazzi Aut.

Ecco il segno: quella sera avrebbero fatto servizio in un locale non troppo distante da casa loro, perché aspettare? Aveva chiamato subito Roberto, gli aveva raccontato della telefonata con Nico, di Facebook e del programma per quella sera. Il marito, ammirato dalla tenacia della donna che aveva sposato, le aveva garantito che li avrebbe accompagnati: «Ho appena bevuto il caffè in ufficio, ma ho anche già voglia di mangiarmi una bella pizza».

«Scemo che sei», lo aveva salutato felice e si era

fermata a fissare l'orologio di casa. Erano le 8.30, Nico le aveva risposto alle 7.30: un'ora che avrebbe svoltato la sua vita, ne era certa.

Erano arrivati alla pizzeria La Favorita che non erano ancora le sette di sera. Nico era già al lavoro con due dei suoi ragazzi.

Lei lo aveva raggiunto e gli aveva sorriso: «Ciao, sono la tua stalker».

«Ma quale delle tante?»

«Quella della telefonata di stamattina.»

«Ah, bene! Non hai perso tempo vedo. E tuo figlio dov'è?» Leo lo aveva guardato un po' intimorito ma aveva bene in testa cosa gli aveva ripetuto la mamma tutto il pomeriggio: doveva fidarsi di quel signore perché era un loro amico. E come prima cosa avrebbe dovuto scandire bene il suo nome.

«Ciao, mi chiamo Leonardo.»

«Ciao Leo, io mi chiamo Nico. E anche mio figlio si chiama Leo! Mamma Marzia, cosa dici? Infiliamo una maglietta rossa di PizzAut a questo ragazzo?»

Marzia aveva risposto con un cenno del capo, tanta era l'emozione che non era riuscita a emettere un suono e Roberto l'aveva stretta sentendo quella stessa stretta al cuore.

Mezz'ora dopo, Leonardo portava la sua prima tazzina con il caffè a uno dei clienti che aveva già terminato la pizza.

Era il 9 febbraio 2019.

Leonardo era molto timido e riservato. Evitava il contatto fisico e sarebbero trascorsi due anni prima che un giorno, alla fine di un servizio, accadesse l'imprevedibile. Quel mattino Nico era arrivato a Cassina decisamente giù di morale: Giulia non gli aveva rivolto la parola, mentre la accompagnava a scuola, e all'ennesimo «Giulietta, c'è qualche problema?», lei si era voltata molto agitata e nervosa: «C'è che tu mi trascuri e sono davvero stanca. Tu mi trascuri per seguire i ragazzi di PizzAut». «Lo so, ma io lo faccio per costruire un futuro per tuo fratello Leo.» E Giulia, ragazza intelligente, non gli aveva dato tregua: «Tu trascuri tuo figlio e anche tua moglie. Ci trascuri tutti per seguire PizzAut». Nico era entrato al ristorante scuro in volto, senza il solito sorriso e l'ingresso trionfante. Leonardo se ne era evidentemente accorto, e quel mattino, Leonardo abbracciò Nico. Era molto timido e riservato. Leonardo, che si sarebbe guadagnato nella squadra il soprannome Il Conte, avrebbe firmato il suo contratto a tempo indeterminato il 2 giugno 2023, giorno della Festa della Repubblica. Perché la Repubblica è fondata sul lavoro di tutti.

Marzia e Roberto erano nel ristorante di Monza quel giorno.

Lei aveva sorriso al marito e stringendosi al suo braccio aveva mormorato soltanto una frase: «Non è stata fatica inutile».

Cavaliere del Lavoro con spada... laser

«E se venisse il Presidente Mattarella?»

«A casa nostra?»

«Dai, Stefania, non prendermi in giro. Dico, se venisse lui a inaugurare il nuovo ristorante di Monza? Sarebbe davvero la ciliegina sulla torta, non credi? Pensa anche ai ragazzi come sarebbero felici e pensa al messaggio per tutto il Paese: il Capo dello Stato che festeggia i contratti di lavoro di persone autistiche e mangia con loro la pizza più buona della galassia conosciuta.»

«Mi sembra una follia, ma di solito le tue follie diventano realtà quindi non dico più nulla e corro in ospedale a fare il mio turno. Tu oggi che programmi hai?»

«Sono a Cassina a vedere come va l'inserimento dei nuovi tirocinanti, quelli che hanno già concluso il corso alla Fondazione Mazzini. E poi farò un salto in cantiere, ci siamo dati appuntamento con Carlo per fare il punto sull'avanzamento lavori e alla fine tornerò a Cassina per il servizio serale.»

«Solita giornatina leggera, insomma. Stasera a Cassina vengo anch'io in cassa e mi porto Giulia: hai visto che si sta proprio appassionando a fare la volontaria? Va molto d'accordo con Christian e sta trovando la sua dimensione nel nostro sogno: almeno condivide il progetto e forse si sente meno trascurata... Però, Nico, te lo sto ripetendo dalla scorsa estate e ormai siamo a novembre: per San Silvestro 2022 porti la tua famiglia da qualche parte a festeggiare? Soltanto un paio di giorni ma solo noi quattro. I primi mesi del 2023 sai anche tu che saranno complicati perché portano alla inaugurazione di Monza e sa il cielo quando ti vedremo.»

«Sì, faremo una fuga di famiglia, Stefania. Te lo prometto.»

Stefania ha ragione, l'inizio del nuovo anno sarà tutto in salita e sinceramente non è che ora sia una passeggiata: fra gli incontri con le aziende che sosterranno l'apertura di Monza, il lavoro a Cassina, la formazione dei ragazzi Aut, non mi resta molto tempo.

A tutto questo va aggiunta la mia nuova e inattesa attività di «conferenziere»: prima capitava che ogni tanto mi chiamassero a incontrare qualche scuola, a parlare alle associazioni che si occupano di disabilità. Ora invece è come se fosse diventata un'attività parallela: la mia preziosa Paola segue questa parte di agenda e riceviamo inviti davvero da tutta Italia. Sono già intervenuto in un paio di corsi universitari al Sud, sono stato più volte a Roma durante incontri istituzionali con gli esperti del settore, mi chiamano le tv per le interviste e i giornali per partecipare a dibattiti pubblici che organizzano, abbiamo ricevuto alcuni riconoscimenti e giusto fra pochi giorni volerò a Palermo per ritirare il Premio Pino Puglisi.

È capitato che qualcuno sui social mi abbia criticato: «Acampora, ma si fa un secondo stipendio con tutte queste comparsate?».

In realtà soldi per me stesso non ne prendo mai e se c'è la possibilità le aziende possono fare una donazione a PizzAut e quel denaro viene usato esclusivamente per i progetti solidali.

Io sono un entusiasta e forse a volte anche troppo: ma il motivo per cui accetto questi inviti non è rispondere a un bisogno narcisistico, ma provare a fare da amplificatore per parlare sempre di più di autismo, di diritto al lavoro e per far sapere anche agli scettici che esiste una possibilità alternativa di occuparsi di disabilità e di fare inserimento lavorativo. L'ho già detto e lo ripeto ogni volta che posso: il modello che propongo so bene non poter funzionare con tutti, ma a molti ragazzi Aut può essere davvero utile.

E se io a breve avrò fatto firmare altri contratti regolari a ragazzi autistici, perché non proporre questo metodo? Perché non cercare di replicarlo il più possibile?

Abbiamo anche messo a punto con alcune aziende un meccanismo per l'inserimento lavorativo sulla base della legge Biagi: loro assumono un dipendente e poi lo «affidano» (tecnicamente, lo mandano in distacco) a PizzAut. È andata così, ad esempio, con Simone, un ragazzo dotato di un quoziente intellettivo altissimo: si è laureato in Economia e ha finito la triennale prima di molti suoi coetanei, per questo in pizzeria si è guadagnato il soprannome di «Secchione», anche se a lui non piace. Ora sta facendo la Magistrale e Danone lo ha assunto consentendogli di restare in pizzeria mentre continua gli studi. Invece Giulia, ragazza autistica, è stata assunta da Toys Center, la catena di negozi di giocattoli, grazie a una nostra segnalazione: loro l'hanno testata per un periodo e si sono resi conto che nessuno riusciva a tenere gli scaffali in ordine come sa fare lei. Per questo l'hanno assunta da loro, Giulia è felicissima soprattutto perché ha cominciato a uscire con le colleghe che la trattano, appunto, da collega e non da persona con disabilità. Mi sembra un bel passo in avanti rispetto alle aziende che piuttosto che inserire una persona con disabilità pagano le multe per aver violato la legge sulle quote obbligatorie, no? Eppure nel nostro Paese sono ancora troppe le imprese che invece di assumere una persona con disabilità ogni 15, come dovrebbero, preferiscono essere «sanzionate» e pagare per questo.

Vabbè, comunque tra «comparsate», pizzeria, Monza e sponsor davvero i miei figli non mi vedono mai. Bisogna programmare questo Capodanno di famiglia.

Dicevo di Simone, che per altro non è l'unico ragazzo Aut ad avere studiato. Lui è laureato in Economia e Gabriele-Wikipedia sta facendo gli ultimi esami del corso di Storia.

Anzi, Gabriele mi ha regalato anni fa una delle soddisfazioni più grandi quando mi aveva invitato a seguire il suo esame di maturità: aveva preparato una tesina finale su PizzAut ed era riuscito a trovare un collegamento con tutte le materie scolastiche.

Aveva scritto delle pizze trovate nei sarcofagi egizi, aveva illustrato il concetto di crowdfunding: analisi approfondite e proprietà di linguaggio, un lavoro davvero pazzesco. Stava esponendo la sua ricerca e la commissione, già persuasa delle capacità e della sua diligente preparazione, aveva cercato di tagliare corto. «Scusate, io ho fatto la tesina, ma adesso vorrei raccontarvela tutta» li aveva ammoniti e aveva proseguito indisturbato fino alla fine della sua esposizione.

Mi aveva davvero commosso e mi ero emozionato dell'emozione di Concetta e Marco, i suoi genitori anche loro dall'inizio compagni di viaggio e volontari preziosi nell'avventura di PizzAut.

Penso che Gabriele e Simone sono i miei due soli ragazzi ad aver frequentato l'università, la maggioranza dei ragazzi di PizzAut è considerata a basso funzionamento e ha un titolo di studio che è solo un attestato di frequenza, non un vero diploma. Mentre rifletto sulle imperfezioni della scuola italiana, irrompe Paola nella mia giornata.

«Nico, hai letto la tua posta?»

Paola mi richiama all'ordine e immagino ci sia qualche rogna all'orizzonte: «Qualche sollecito di pagamento? Fatture non pagate? Un permesso in più da chiedere per Monza?».

Ma lei ha un sorriso ammiccante: «Leggi, dai».

Scorro velocemente le mail che fin qui mi sembrano di ordinaria amministrazione fino a quando arrivo a un intestatario decisamente fuori dai miei radar: ministero dell'Interno.

Leggo e rileggo le poche righe e mi balzano agli occhi le parole *Presidente della Repubblica* e *Cavaliere della Repubblica*. Insomma, su proposta della presidenza del Consiglio riceverò l'onorificenza di Cavaliere al merito della Repubblica. Resto sbigottito, guardo Paola, rileggo: forse ho capito male? Già lo scorso anno era stato bellissimo ricevere l'Ambrogino d'oro, la massima onorificenza cittadina del Comune di Milano, ma addirittura questo. Non è possibile, non lo merito. Invece è proprio così e nella mail mi precisano che riceverò l'attestato il 15 dicembre nella prefettura di Monza.

Resto «confuso e felice», non so perché ma forse stupidamente mi viene in soccorso la canzone di Carmen Consoli che amo tanto e che mi aiuta a spiegare cosa sto provando.

Sono confuso e felice e non so se piangere o ridere. Esco dal locale e chiamo Stefania: lei deve essere la prima a saperlo perché senza di lei sarei ancora in giro a cercare di dare forma alla mia esistenza.

Sono confuso e felice perché penso a mia mamma e alla fatica che ha fatto, giovane vedova con malattie e sofferenze da sopportare insieme alla preoccupazione per i suoi tre figli rimasti senza punto di riferimento dopo la scomparsa di mio padre.

Penso a papà e so che sarebbe fiero di me perché anche questa è una battaglia in nome dei diritti e della giustizia, come quelle che lui ha sempre combattuto nella sua vita troppo breve.

Penso ai miei figli amatissimi e vorrei averli qui adesso per stringerli fortissimo e dire a Giulia quanto la amo e ridere con Leo perché quando gli dirò che sono Cavaliere mi chiederà sicuramente di mostrargli la mia spada laser.

Penso ai ragazzi di PizzAut e so che questo è un riconoscimento alle loro abilità, alla loro voglia di mettersi in gioco e di non rassegnarsi a una esistenza da assistiti.

Penso ai loro genitori, ai genitori di tutte le persone autistiche perché conosco perfettamente il senso di sbandamento dopo la diagnosi, la fatica e le rinunce e le umiliazioni di ogni giorno.

Penso ai volontari, alle aziende che ci stanno sostenendo, ai clienti che escono sorridendo e si complimentano per la pizza e per il progetto.

Penso che aveva ragione Stefania: il mondo è storto ma tutti insieme un pochino possiamo raddrizzarlo.

Ma allora adesso quello che dicevo stamattina a mia moglie ha ancora più senso: è come se un filo invisibile stesse tenendo tutto insieme e stesse portando lì, all'inaugurazione di PizzAut con il Presidente della Repubblica.

Lo chiederò al Prefetto quando mi consegnerà l'onorificenza di Cavaliere, andrò a tampinare tutti i politici che conosco, i vescovi e le suore, i giornalisti e chiunque possa arrivare a lui. E soprattutto proverò a scrivergli una lettera semplice e sincera, con le storie belle e di riscatto che avvengono a PizzAut. Sarebbe un sogno che si realizza: il Presidente che con la sua presenza pone l'accento sui diritti delle persone autistiche. E lo fa da noi, con noi. Forse sto esagerando con i sogni, si è mai visto un Capo dello Stato che inaugura una pizzeria?

Ma qui è vietato calpestare i sogni: Presidente Mattarella, venga a tagliare il nastro del ristorante di Monza.

«Presidente, posso abbracciarla?»

Ma dove ho messo il mio cellulare? Mi sa che è rimasto in cucina e a questo punto tanto vale che mi faccia una camomilla e magari dormo un po'. Passo dalla stanza di Leo e controllo che stia riposando tranquillo, poi do un bacio a Giulia ora che finalmente dormono in due stanze separate.

Eccolo qui, era proprio sul tavolo. Ma che ore sono? Le tre? Be', sfido chiunque a dormire stanotte con tutta questa adrenalina in corpo.

Fra qualche ora arriverà il Presidente della Repubblica a inaugurare il nuovo ristorante di PizzAut.

Già che ci sono, mentre aspetto che il bollitore scaldi l'acqua, faccio un post su Facebook che mi serve per ripassare la giornata straordinaria che mi aspetta.

Domenica 2 aprile, Mattarella arriva alle 11.45 e sarà accolto dalle autorità cittadine.

Poi tocca a me, che lo saluto con i ragazzi, e poi al vescovo Raimondi che darà la benedizione.

Subito dopo il taglio del nastro.

A quel punto Andrea suonerà l'*Inno alla Gioia* con il suo violino ed entreremo nel ristorante dove come primo atto firmeremo alla presenza del Capo dello Stato i due nuovi contratti per camerieri autistici, Beatrice e Gabriele.

Con Mattarella visiteremo le cucine e gli spiegheremo nei minimi particolari come funziona questa macchina studiata appositamente per i ragazzi.

Entreremo in sala da pranzo, dove saranno già seduti gli ospiti che abbiamo selezionato e che sono tutti gli amici di PizzAut, tutti quelli che ci hanno permesso di arrivare fino a qui.

Questa volta io non starò in sala a lavorare ma siederò al tavolo presidenziale dove gusteremo la pizza e presenteremo quella che i ragazzi hanno inventato per questa occasione straordinaria: la pizza Articolo Uno, quello che recita che «L'Italia è una Repubblica democratica fondata anche sul nostro lavoro». Ed è evidente che «anche» e «nostro» lo abbiamo aggiunto noi.

Al termine del pranzo consegneremo al Presidente Mattarella il nostro grembiule rosso, simbolo di inclusione e di cambiamento possibile e a quel punto lui rivolgerà un saluto ai ragazzi per poi tornare al Quirinale alle quindici.

Durante la mattinata i nostri food truck sforneranno le pizze nel grandissimo parcheggio di fronte al ristorante e le faremo assaggiare a tutte le persone che vorranno partecipare a questa grande festa, pur non potendo entrare al ristorante. Mi sembra tutto chiaro anche perché il cerimoniale del Quirinale è stato straordinariamente attento a condividere e farci ripassare tutti i passaggi: ma allora perché non dormo? Speriamo che la camomilla serva a qualcosa, fra tre ore devo essere sotto la doccia.

Eccoci a Monza. Il nostro locale è davvero bellissimo, studiato in ogni dettaglio e non finirò mai di ringraziare Carlo, l'architetto che ha seguito la direzione lavori, ha progettato e contattato le imprese e ci ha risolto mille problemi, mettendo una passione infinita e trascurando a volte anche il proprio studio.

Non so come avrei fatto senza di lui che, alla fine, qualche sera fa, mi ha detto: «Nico, ti ho lasciato nel tuo ufficio la fattura per il mio incarico, devo emetterla per questioni burocratiche».

L'ho guardata qualche ora dopo e mi sono accorto che si era sbagliato: dieci euro, che sbadati questi architetti.

«Carlo, quanti zero ti sei dimenticato? Mi raccomando non esagerare...»

«Nessuno zero Nico, è giusto così.»

Questa generosità mi fa battere forte il cuore, mi fa capire che al mondo ci sono tante, ma davvero tante, persone per bene, capaci di donarsi in modo autentico e disinteressato. E io sono davvero un uomo fortunato a incontrarle sul mio cammino.

Sulla parete di ingresso del nuovo ristorante ci sono i mattoni di PizzAut, con i nomi delle aziende che hanno contribuito a questa causa: chi ha fatto donazioni, chi ha costruito e progettato gli arredamenti, come Stefano di Doppiozero39, chi ha fornito impianti, consulenze fiscali e giuridiche. Li abbiamo ribattezzati «mattoni» usando uno dei giochi di parole che a me piacciono tanto: nel senso edilizio, perché sono stati pezzi di questa costruzione; nel senso figurato, perché solo dei «grandi matti» potevano condividere il nostro sogno.

Anche grazie a loro abbiamo un ristorante accogliente, bello, curato in ogni finitura, modernissimo e adatto alle esigenze dei ragazzi Aut, oltre a quelle dei futuri clienti.

Tra i primi ad arrivare stamattina c'è ovviamente Enrico. Suo figlio Matteo ha i postumi di una brutta influenza e ci raggiungerà più tardi, ma lui è già qui ad accompagnare gli artificieri e gli uomini della sicurezza che stanno facendo gli ultimi sopralluoghi e a verificare che ogni dettaglio sia in ordine. Fabiano e Silvia stanno saltellando da una parte all'altra per garantire l'accoglienza di giornali e tv e sovraintendere alla parte della comunicazione.

È già in pista anche nonno Gianfranco: quest'ometto all'apparenza gracile è una forza della natura. In passato era riuscito non so come a entrare nel giro dei fotografi autorizzati da Silvio Berlusconi e aveva immortalato pezzi di vita del Cavaliere e del Paese.

Quando abbiamo aperto Cassina, me lo sono trovato una sera poco prima di cena: «Ho un nipotino autistico, è ancora piccolo ma mi piace pensare che potrebbe avere un futuro da lavoratore. Per questo ti seguo da tempo, ti ammiro e vorrei aiutarti. Ho una proposta da farti: mentre voi servite le pizze, potrei fotografare i tavoli per lasciare ai clienti un ricordo della serata. Con la mia stampante e una cornice potrei stamparle in tempo reale inserendo il logo di PizzAut e in cambio posso chiedere una donazione alla onlus: che ne dici?».

All'inizio ero abbastanza scettico: uno già viene e si paga la pizza, perché aggiungere altri soldi per una foto? Però mi erano piaciuti il suo spirito intraprendente e la sua grinta e gli avevo dato il via libera. Oggi Gianfranco è il nostro fotografo ufficiale ed è chiamato «il nonno di PizzAut».

I ragazzi della brigata di Cassina che oggi servirà a Monza sono super eccitati e mi sembra il minimo. Andrea sta provando ancora in un angolo l'*Inno alla Gioia* che dovrà eseguire per Mattarella: gli ho affidato il pezzo soltanto quattro giorni fa, altrimenti sarebbe diventato per lui un interesse totalizzante e non avrebbe fatto altro per un mese. In quattro giorni, il nostro super Andrea ha studiato a memoria e imparato il pezzo.

Lorenzo il Teppa oggi è nella versione «Polipo» e mi ha già interrotto tre volte: «Nico, Nico, emergenza abbraccio».

Di Gabriele che oggi firmerà abbiamo già detto. Ma oggi siglerà il suo contratto anche la prima ragazza della nostra squadra, Beatrice, che sarà distaccata da Coop Lombardia qui da noi.

La sua, anche la sua, è una storia straordinaria: lei è albina, autistica e ipovedente. «Diciamo che se il destino voleva farmi uno scherzo gli è riuscito benissimo» dice sempre sorridendo, perché la terza A che la descrive è l'autoironia.

Beatrice è fin da bambina appassionata di Giappone e di fumetti manga: qualche anno fa ha deciso che per immergersi meglio in questa cultura che ama tanto avrebbe dovuto imparare la lingua.

Il giapponese, non il dialetto brianzolo.

Si è messa a studiare e in sei anni ha acquisito la totale padronanza dei principali ideogrammi, scritti, letti e parlati. Quando le ho comunicato che l'avrei assunta è stata felicissima ma ha messo le mani avanti: «Nico, questa è la notizia più bella del mondo. Ma io ho un problema: ho promesso a mia mamma che con i primi stipendi avrei pagato i voli per andare con lei in Giappone, però mi sono dimenticata di chiederti se una volta assunta potrò fare le ferie».

Tranquilla Beatrice, ferie pagate e strameritate, come da contratto...

Gli uomini della sicurezza stanno concludendo l'ultimo sopralluogo e alcuni sono saliti sul terrazzo imbracciando un'arma. Andrea li ha visti ed è preoccupato: «Nico, ma quando comincerà il servizio come faremo a salire in terrazza a portare le pizze anche a loro? Io non credo di riuscire a fare le scale con i taglieri in mano».

Monsignor Raimondi ascolta divertito e lo rassicura: «Andrea, loro li facciamo mangiare più tardi», poi corre ad accogliere suor Veronica Donatello perché di certo lei non poteva mancare in questa giornata straordinaria. Con lei c'è anche il mio amico Guido Marangoni, l'uomo che ha inventato la frase «Siamo fatti di-versi perché siamo poesia» scritta anche sulle nostre magliette.

A uno dei tavoli dei duecento invitati c'è anche Elio delle Storie Tese, con il figlio Dante e tutta la sua famiglia: il suo volto ha fatto tante volte da testimonial alla nostra causa e insieme veniamo spesso chiamati a parlare di autismo.

Per me e la mia famiglia è diventato un amico vero.

Da quando ha incontrato PizzAut mi sembra un po' più sereno e meno arrabbiato con il mondo, con il mondo che condanna alla solitudine e alla non inclusione le famiglie delle persone con disabilità: dice spesso che ora sa che per i nostri figli esiste una opportunità in più.

Di certo c'è che i ragazzi lo adorano e Andrea lo sta già tampinando perché vuole chiedergli un parere sul pezzo che tra poco eseguirà «in mondovisione» come gli ha detto Simone, giusto per aggiungere un (involontario) carico di pressione in più.

Prima dell'arrivo del Presidente esco nel parcheggio: voglio salutare mia moglie Stefania, Giulia e Leo. Mentre li abbraccio le persone intorno a noi applaudono e noi siamo imbarazzati, Giulia ancora di più, Leo si tappa le orecchie ma vedo che sorride. Una bellissima dimostrazione di affetto, questo calore ci dà tanta forza.

Un ultimo sguardo ai tavoli, sono tutti a posto. In cucina la linea è pronta e chef e pizzaioli sono carichi. Lo staff di Mattarella è cordialissimo: ci ricordano le norme del protocollo, il Presidente non va avvicinato e non ci saranno domande né da parte dei ragazzi né dai giornalisti. Ma in realtà sono già entrati in sintonia con la mia brigata, dimostrando un'empatia e un'umanità che non mi stupiscono: se li ha scelti Mattarella devono essere, come lui, persone fuori dal comune.

Andiamo.

«Ragazzi, fra cinque minuti arriva il Presidente. Vi ricordate cosa ci siamo detti? Noi dobbiamo lavorare come se fosse un giorno normale e come se lui fosse uno dei clienti che avete tante volte servito a Cassina. Siete tutti bravissimi e sono sicuro che faremo un figurone: ora usciamo, seguite sempre me che vi indicherò dove stare per il momento dell'accoglienza.»

L'agitazione è alle stelle e anche io fatico a tenere sotto controllo l'ansia: meno male che stavolta non ho addosso un holter come all'inaugurazione di Cassina, sennò sarebbe davvero esploso. Continuo a cercare Leo, che per l'occasione ha indossato la camicia bianca e la sua giacca e ha voluto la sua spada laser più preziosa. Lui ricorda dai tempi del Covid che Mattarella è il Capo di tutti gli Jedi della Repubblica italiana e quindi non può sfigurare con lui.

La macchina presidenziale arriva puntuale, preceduta da quelle della scorta con i lampeggianti accesi. Il Presidente viene accolto dal sindaco di Monza, dal Prefetto e da un po' di altre divise e fasce tricolori che in questo momento mi sembrano tutte uguali.

Vedo soltanto la sua testa bianca, sento il pubblico che da dietro le transenne lo acclama.

Ma quanto bene vogliamo al nostro Presidente? Ma quanto siamo orgogliosi di essere italiani in queste situazioni? Mi sembra la finale dei mondiali, quando tutti cantano l'inno.

Si avvicina e tocca a me. Io sono in pallone. Cosa devo fare? Devo andargli incontro? Aspettarlo? Cosa mi avevano raccomandato? Ma intanto è lui che si avvicina e ci salutiamo con un abbraccio che probabilmente il protocollo non aveva previsto.

Il discorso che avevo preparato va un po' a farsi benedire, ma riesco a dirgli quanto gli sono grato che lui sia qui, proprio il 2 aprile che è la giornata della consapevolezza sull'autismo.

Perché qui a PizzAut davvero si mostra l'inclusione possibile e qui si dimostra con i fatti che i nostri ragazzi possono condurre una vita piena e dignitosa anche senza sostegni economici dello Stato, ma diventandone pienamente cittadini e contribuenti.

Qui si dimostra con i fatti che è vietato calpestare i nostri sogni.

Introduco Andrea, spiegandogli che è un autodidatta del violino e che ha preparato un pezzo per lui.

Il nostro cameriere musicista è agitatissimo e quando arriva in fondo al pezzo vedo con la coda dell'occhio la sua mamma Daniela che finalmente respira. E piange: quel figlio, che solo due anni fa era destinato a un istituto, ha suonato davanti al Capo dello Stato.

Mattarella fa partire l'applauso seguito da tutti: Andrea gli si avvicina e il microfono usato per amplificare il suo *Inno alla Gioia* rimanda anche la sua domanda: «Come sono andato, Sua Maestà?».

Le risate dei presenti sono spontanee e dopo il taglio

del nastro accompagno il Presidente in visita al locale. Prima entriamo in cucina e presento tutto lo staff, lui fa domande e ha una parola per ognuno dei nostri pizzaioli: Matteone, Riccardo, Matteino, Emanuele e Nicolò. Percorriamo il cardo, cioè il corridoio centrale del ristorante, e finalmente sediamo a tavola. Mattarella vuole conoscere le storie di ogni ragazzo e io glieli presento mentre lavorano. Si rivolge a Simone: «So che hai fatto una bella tesi sul debito pubblico italiano». E il nostro «Secchione» rimane senza parole. A me non pare vero di stare al tavolo con un uomo della statura morale, politica e civile di questo livello e la sua grandezza sta anche nella semplicità con cui ascolta noi comuni mortali e con cui si rivolge ai ragazzi.

A Leonardo che lo ha servito, dice alla fine: «Non mangiavo una pizza intera da non so quanti anni, ma la vostra l'ho finita perché è davvero leggerissima e gustosa». E Jacopo ringrazia aggiungendo un particolare per lui tutt'altro che trascurabile: «Io ho imparato a portare tre pizze insieme e sono molto felice».

Anche Lorenzo il Teppa scambia una battuta con il Presidente, del resto ero stato io a dire che ci si doveva comportare come si fa con gli altri clienti e quindi anche a lui fa la domanda di rito: «Mi dice la sua data di nascita?».

Mattarella risponde gentile: «23 luglio 1941».

Lorenzo si ferma due secondi: «Il 23 luglio 1941

era un mercoledì». «Grazie, mi hai detto una cosa che non sapevo.»

Altro strappo al protocollo arriva verso la metà del pranzo, quando da un tavolo si alza Dante, il figlio di Elio, che inutilmente i suoi genitori cercano di contenere.

«Devo dire una cosa al Presidente Mattarella» insiste lui arrivandogli davanti.

«Presidente, io mi chiamo Dante, faccio la scuola media, sono autistico e ne vado fiero. Per favore lei può mettere tutti gli insegnanti di sostegno che mancano nelle classi? Perché altrimenti noi dobbiamo restare a casa, io invece voglio studiare e così quando sarò grande potrò venire a lavorare qui a PizzAut.»

Elio è alle sue spalle e perfino un vulcano come lui sembra intimidito di fronte a Mattarella: «Dante è mio figlio, mi scusi, signor Presidente» dice fra l'imbarazzato e il divertito.

Il Capo dello Stato è tutt'altro che infastidito e anzi rivolge qualche domanda a entrambi, con garbo e attento alle loro risposte. Nota che Dante indossa una maglietta con Pikachu: «Quello è il più forte dei Pokémon». E Dante sbalordito: «Ma allora anche il Presidente della Repubblica conosce i Pokémon!».

Mattarella saluta i ragazzi che man mano si avvicendano a raccogliere comande, portare bevande, pizze, gnocchi fritti e dolci: Leonardo gli puntualizza che ha imparato a venire a lavorare ogni giorno da solo in metropolitana, mentre Simone lo avvisa che alle prossime elezioni nel caso lui fosse troppo stanco potrebbe candidarsi lui al suo posto.

Vorrei fissare nel cervello e nel cuore ogni istante, ogni parola e ogni fotogramma di questo pranzo. Di fronte a me ho la più alta carica dello Stato, ci confrontiamo su questioni importanti come la disabilità, il diritto all'istruzione, il diritto al lavoro. Lo ascolto e continuo a pensare a mio padre, vorrei mi vedesse, vorrei abbracciarlo stasera e dirgli «grazie papà». A Mattarella raccontiamo anche che tutti i prodotti usati per le pizze di oggi provengono da cooperative che lavorano i terreni sottratti alle mafie. Il suo portavoce Giovanni Grasso, una persona squisita, gli fa notare il pannello con le regole della casa che abbiamo vicino alla cucina e Mattarella apprezza: «Dovremmo averne uno in ogni famiglia».

Siamo alla fine. Come concordato con il cerimoniale, mettiamo tutti i ragazzi in fila per il saluto e dietro di loro i volontari e i neurotipici che lavorano in cucina.

Mattarella si alza e davanti a loro con un microfono interviene con parole non di circostanza: ci riempie di complimenti, insiste sul fatto che «Questo è un luogo non solo di esempio ma di normalità perché si lavora come tutti fanno. Ogni persona ha il suo modo di esprimersi, di realizzarsi, di vivere una sensibilità, nessuno è uguale a un altro, quindi significa che tutti devono avere la possibilità di potersi esprimere e realizzare».

Io sono commosso alle lacrime e non sono il solo.

Poi tocca a Beatrice, neoassunta, che dona a Mattarella un suo ritratto disegnato da lei. Io gli consegno il grembiule rosso di PizzAut ricordandogli che lo ha indossato anche Papa Francesco.

Ma mentre parlo, Mattarella se lo sta già legando in vita e i ragazzi cominciano a cantare «Uno di noi, sei uno di noi».

Il Presidente sorride, ringrazia e annuncia che deve andarsene e si prepara a stringere la mano a ogni ragazzo.

Ma Lorenzo, oggi davvero incontenibile, gli dice «Presidente, ti posso abbracciare?» e l'uomo Sergio Mattarella si concede al primo di tanti, meravigliosi abbracci che scalderanno i miei ragazzi Aut e li faranno sentire importanti, amati, cittadini.

L'applauso è fragoroso, io mi accorgo che tantissimi sono commossi: genitori, persone dello staff, giornalisti, ospiti del pranzo. Questa è l'idea di Paese che abbiamo tutti, una Nazione capace di accogliere e valorizzare ciascuno, nessuno escluso, che si riconosce nel suo Presidente perché è una persona saggia, equilibrata e capace di dimostrare con le sue parole e le sue scelte che la Costituzione non è soltanto un bel libro ma il fondamento della democrazia e per questo si applica ogni giorno, un padre illuminato venuto a ripeterci che i diritti non si calpestano, esattamente come i sogni.

Qualche ora dopo, a locale chiuso e mentre stiamo facendo le pulizie e preparando per il giorno seguente, noto che c'è una strana agitazione dalla parte degli spogliatoi e a un certo punto mi trovo davanti, accompagnato dai suoi compagni che fanno ala, Andrea tutto tronfio vestito da vescovo. Don Luca sembra un bambino che l'ha fatta grossa: «Siamo troppo emozionati, abbiamo bisogno di ridere un po'» dice sornione rivolgendosi ai genitori divertiti da questo siparietto di fine giornata. Poi si rivolge a me: «Hai visto Nico? Ha la mia stessa taglia, gli sta davvero a pennello...». Per Andrea è stata davvero una giornata memorabile e mi ritorna in mente la sua battuta dopo l'esecuzione dell'*Inno alla Gioia* col violino, quando aveva chiamato «Sua Maestà» il Presidente della Repubblica.

Lo conosco, non può essere stata un'uscita estemporanea.

Lo chiamo e anche se addobbato così mi fa una certa impressione, gli chiedo di spiegarmi come gli è venuto in mente quell'appellativo.

«Ma Nico, se ti ha nominato Cavaliere, non può che essere Imperatore, o come minimo Re.»

Non fa una piega.

Proviamo a rincorrere il vento

Il ristorante di Monza è ancora chiuso al pubblico. Ma oggi, 15 aprile, apriamo le porte di PizzAut ad alcuni amici che abbiamo invitato per la nostra prima prova di servizio. Le due settimane chiusi qui dentro con i nuovi ragazzi mi sono state molto utili per conoscerli, per conoscerci e per conoscere uno spazio nuovo e nuovi compiti: un conto è fare il corso a scuola, un conto entrare e uscire dalla cucina, memorizzare i menù e i numeri dei tavoli, comprendere che lavorare significa anche impegnarsi, diventare responsabili, relazionarsi con sconosciuti, gestire possibili imprevisti e faticare. Ma è una fatica bella, come mi ha detto due giorni fa Beatrice, la nostra Principessa, a conclusione del suo primo giorno di lavoro nel locale di Cassina: «Nico, sono un po' stanca ma sono tanto felice». E il mio desiderio è che alla fine di ogni turno ognuno dei ragazzi Aut possa giungere alla stessa conclusione: «Ho fatto fatica, ma sono felice».

Con i quattordici della brigata abbiamo definito i ruoli, anche se in questa fase nulla è definitivo. Ad esempio, ad Alessandro che aveva fatto una scuola per diventare cuoco ho invece proposto di occuparsi del bar: mi è parso molto diligente nella lettura delle comande, desideroso di imparare cose nuove e questa è una caratteristica importante per chiunque ma soprattutto per una persona autistica. «Lo faccio volentieri» è stata la sua risposta. E il giorno dopo mi è arrivato con camicia immacolata e stirata a perfezione e una raffinata cravatta scura: «Ho pensato che avrò un ruolo importante e quindi devo vestirmi molto bene» mi ha spiegato. Ed è decisamente più elegante di me che indosso sempre pantaloni troppo stropicciati e camicie bianche che raramente restano tali fino a fine servizio.

Il menù è stato arricchito con alcune pizze nuove che abbiamo messo a punto insieme con Matteone e Matteino e raccogliendo i suggerimenti di tutti. Abbiamo inserito «Easy Monza» dedicata al gruppo Facebook che ci sostiene dall'inizio e che ha garantito una presenza quotidiana di volontari per noi fondamentali. Saranno coordinati da Helen, una ex dirigente di una grande multinazionale da poco entrata felicemente nel mondo dei pensionati. Era già stata a farsi un giro a Cassina per capire come funziona la macchina e a fine serata le avevo chiesto come era andata. «Benissimo, mi hanno messa a lavare 600 bicchieri da birra e ho già pensato che la nostra squadra dovrà occuparsi soprattutto della sala lavaggio e di caricare e scaricare le lavastoviglie.» Una risposta da vera manager: senso pratico e diritta al punto. I nostri volontari, come avviene già a Cassina, sanno che la zona lavaggio è particolarmente rumorosa e caotica: i piatti arrivano disordinati e nessuno dei ragazzi Aut che avevamo provato riesce a lavorare bene in queste condizioni. Così abbiamo stabilito che sparecchiano e lasciano le stoviglie al lavaggio: sono ancora più contenti perché così hanno l'occasione di scambiare due parole, un sorriso, un abbraccio con i volontari ai quali si sono molto legati.

Oltre alla pizza Easy Monza, che avrà la «luganega» (se dici Monza pensi salsiccia), la panna e lo zafferano, un'altra ricetta gourmet, anzi gourmAut come scriviamo sulle tovagliette, è la «Steba» dedicata a Stefania e a Barbara, due amiche che fin dall'inizio si erano appassionate alla nostra causa e ci avevano sostenuto come volontarie: Barbara non è più con noi e la pensiamo ogni volta che sforniamo questa pizza, la sua preferita, con il carpaccio di bresaola e la stracciatella. Da Cassina ci siamo portati la «Fiori d'arancio» che era stata inventata per il primo matrimonio ospitato nella nostra pizzeria, quello di Marika e Alessandro, uno storico, per noi oltre che per loro, 10 settembre 2022. Questa coppia di giovani aveva deciso di dare un significato particolare al ricevimento organizzandolo in una location speciale, come la nostra. Il papà di lei, un elegante signore pugliese, era contrarissimo alla scelta e aveva opposto tutte le resistenze possibili: «Che figura facciamo con i parenti che vengono da giù? Li portiamo in pizzeria? Dai disabili?». Diciamo che per la sua unica figlia aveva immaginato un banchetto di tono ben diverso. Ma non era riuscito a imporsi e l'ostinazione di questa giovane sposa aveva avuto la meglio: avevamo studiato un menù con antipasti e primi piatti e ci eravamo inventati la pizza con fiordilatte, gorgonzola, arancia distesa e granella di noci. Era stata una festa coinvolgente e allegra e per rendere omaggio alla coppia Andrea aveva suonato al violino il brano *Hallelujah* di Leonard Cohen commuovendo tutti. Alla fine del servizio, dopo le foto di rito con la torta a tre piani (quella, ovviamente, realizzata da una pasticceria e non da noi) e con tutti i ragazzi Aut a fare la ola, il papà era venuto a stringermi la mano: «Non avrei potuto immaginare una giornata più bella per mia figlia. Ha avuto ragione lei e vi sono davvero grato per questa accoglienza e per questa esperienza indimenticabili». Dopo la stretta di mano avevo abbracciato questo signore che era scoppiato in lacrime per la gioia. Un altro miracolo di PizzAut.

La prima prova pratica con clienti veri aveva dunque funzionato e per questo ho deciso di continuare con questa modalità fino al primo maggio, quando apriremo definitivamente al pubblico. Per ora sono amici che fanno da cavie e tester e quindi sono più tolleranti rispetto a inevitabili errori. Ma dal primo maggio sarà tutto vero...

Proseguiamo anche a raccogliere adesioni per il nostro progetto «La scuola non è una pizza» che partirà a settembre: contando chi abbiamo già incontrato quando andavamo nelle loro classi e chi si è iscritto, passeranno da questo ristorante e da quello di Cassina circa 3000 studenti delle scuole medie e superiori accompagnati dai loro insegnanti. Proponiamo un menù a prezzo fisso e intanto mostriamo loro come può essere davvero l'inclusione. Proponiamo un pranzo di educazione civica, parlando degli articoli della Costituzione che ci riguardano più da vicino: il diritto al lavoro, il diritto all'istruzione, la cittadinanza attiva. Ripetiamo sempre che nessuno è diverso e che ogni persona ha un valore, un talento, una dignità e che questi vanno rispettati, coltivati e incentivati. Quando parlo con gli studenti cerco di miscellare emozioni e riflessioni, coinvolgere la loro mente e il loro cuore. Ma, anche da educatore, negli anni mi sono convinto che un conto è dirlo, un conto è far vivere un'esperienza. Le classi qui arrivano e, senza annoiarsi, hanno evidenza del fatto che ciascuno può esprimersi come sa fare, può affrontare una difficoltà, può essere apprezzato, accolto e amato per quello che è, non per quello che i genitori, i professori, la società vorrebbe che fosse. Un messaggio potente per questi giovani mai come in questo periodo così fragili e in difficoltà. A PizzAut quando Lorenzo riesce a portare cinque pizze alla volta è una festa per tutti; quando Leonardo supera le timidezze e affronta le comande di un tavolo da 42 persone, è festa per tutti; quando Alessio riesce a diventare punto di riferimento per i suoi compagni è festa per tutti. Gli studenti colgono al volo queste sfumature che nella loro testa e io mi auguro anche nella loro vita possono fare la differenza, possono incoraggiarli, motivarli e anche un po' gasarli. «Ragazzi siete una meraviglia» dico sempre per salutarli, perché lo penso davvero e penso che tutti noi adulti dovremmo ripeterglielo più spesso.

Oggi è una meraviglia anche Gabriele, che durante la prova menù che si fa prima del servizio mi ha regalato una «verità» straordinaria.

«Ragazzi, vi ricordate che dolci proponiamo oggi?»

Gabriele aveva citato il cannolo e la torta della nonna. E io, non soddisfatto: «Ma se qualcuno volesse la frutta?».

«Abbiamo il gelato al cioccolato.»

«Scusa Gabriele e la frutta dove sarebbe?»

«Il cioccolato viene dal cacao che è un frutto.»

«Ok, oggi anche io di frutta prendo il gelato.»

Mi sono appuntato un'altra serie di autentiche perle di saggezza quotidiana, piccoli grandi doni figli di un pensiero originale, parole che svelano e rivelano altri modi di vedere il mondo e mostrano con semplicità e poesia dettagli e segreti dell'esistere. Molte le dimentico, molte mi fanno sorridere di gioia piena. Come quella del 25 aprile, di Andrea: «Ragazzi, oggi è la Festa della Liberazione. Sapete cosa significa?» prosegue a parlare Andrea.

«Nico per me la Liberazione è che tu mi hai assunto a tempo indeterminato, che adesso ho un lavoro e poi che ho imparato a suonare il violino e sono più felice. La felicità è libertà.»

«Bravo Andrea, la felicità è una cosa bellissima e noi vorremmo che tutti quelli che lavorano, fanno i volontari e mangiano a PizzAut fossero felici, giusto?»

«Sì e infatti oggi con il violino suonerò l'*Inno alla Gioia*, così tutti saremo più felici perché tutti siamo liberi!»

Oppure Lorenzino, detto Zelig per le battute fulminanti che dissemina quando siamo insieme.

«Nico oggi sono riuscito a portare tre pizze insieme, io avevo paura quando ne tenevo in mano anche una sola, ti ricordi?»

«Certo che me lo ricordo, ma noi tutti sapevamo che ce l'avresti fatta.»

«Allora Nico, secondo me la paura è una fregatura perché invece di farti andare avanti ti blocca. E io non voglio più avere paura.»

O Alessandro, che è arrivato da pochissimo e siccome si occupa del bar l'ho portato a vedere come faccio a controllare in dispensa che ci siano sempre fusti pieni per una eventuale sostituzione in sala. E qualche pomeriggio dopo l'ho trovato nel locale dispensa con un fusto in mano: «Ale cosa stai facendo?».

«Il fusto della birra è vuoto e lo sto cambiando come mi avevi fatto vedere.»

«Bravissimo: ma chi ti ha detto di cambiarlo?»

«Nessuno, mi sono accorto io: sennò che barman sarei?»

E Francescone che vede uno dei cartoni delle nostre basi vendute nei supermercati Coop ed Esselunga, con una foto bellissima in cui mi fa una linguaccia: «Nico ho sbagliato a farti la linguaccia, perché così sembra che io non ti voglio bene».

«Ma no Francescone, con la linguaccia sembra che me ne vuoi di più.»

«Va bene, allora te la rifaccio tutti i giorni.»

E ancora Edoardo, che è da noi da dodici mesi e fa progressi continui.

«Nico io ti ringrazio perché mi hai dato dignità con il lavoro e perché adesso con i soldi che guadagno mi posso comprare tutti i robot che mi piacciono.»

«Sono molto contento Edo.»

«Posso chiederti una cosa Nico?»

«Dimmi.»

«Ma secondo te posso portare al ristorante i miei robot e farli vedere ai nostri clienti?»

E, sempre a proposito di soldi, ecco Simone.

«Nico ieri ho portato i miei genitori fuori a cena e ho pagato io. In trentasei anni non avevo mai potuto farlo e a mia mamma veniva da piangere.»

Ecco, quando mi fermo a ripensare alla potente semplicità dei messaggi dei miei ragazzi, mi persuado che davvero l'inclusione sia soprattutto ascoltare. Me lo ripeto anche pensando a mio figlio, al mio Leo, che molto spesso a casa ma anche quando è qui al ristorante con noi, all'improvviso si alza e parla ad alta voce da solo. Alcune volte lo guardo e mi fa tenerezza. Poi mi chiedo cosa senta dentro di lui in quei momenti, come lo giudichino i compagni quando gli accade a scuola, gli amici quando succede a scherma, chi non lo conosce quando lo vede per la prima volta. In quei momenti la tenerezza iniziale svanisce e lascia il posto a sentimenti difficili da gestire: mi incupisco e divento triste, vorrei proteggerlo ma non so come fare anche perché non posso proteggerlo dall'autismo. Ma forse, in fondo, ho paura di non essere un padre che ascolta. E ora quando Leo parla da solo e cammina senza meta, mi dico che sta rincorrendo il vento e, piano piano, sto imparando a rincorrere il vento con lui. A settembre comincerà le superiori e so che sarà un altro passaggio delicato perché gli adolescenti sanno essere, probabilmente senza rendersene conto, molto cattivi con chi è più fragile. Mi viene in mente un episodio della scorsa estate, quando eravamo al mare in Puglia e con Leo eravamo passati davanti a un gruppo di ragazze e ragazzi, avranno avuto fra i sedici e i diciotto anni, che giocavano a beach volley e ci eravamo fermati a guardare quella partitella improvvisata. A un certo punto il più chiacchierone del gruppo era andato in battuta e il più fisicato aveva sbagliato clamorosamente la ricezione lanciando la palla fuori campo, vicino agli ombrelloni. Il chiacchierone aveva cominciato a ridere canzonando il fisicato «Sei un imbranato, si vede che hai la 104», cioè la legge che concede permessi ai caregiver di persone con disabilità. Gli amici avevano dato seguito alla presa in giro e la più carina aveva sfidato il chiacchierone: «Dai ti è andata bene stavolta, ma riprova e vediamo cosa combini che sei più handicappato di lui». Ecco, io non riesco a vedere cattiveria nel fisicato, nel chiacchierone e nella carina. Credo che usino le parole in modo superficiale, magari ripetendo termini sentiti da qualche adulto sguaiato e poco intelligente. E credo che a loro serva soltanto qualcuno che apra il ventaglio della realtà, delle realtà, che faccia fare esperienza di cosa significhi rispettarsi tutti e accettarci per quello che siamo vedendo la bellezza dell'altro, di ogni altro. E Leo? Leo aveva seguito la scena senza cogliere nessuna di queste sfumature e neppure la presa in giro: probabilmente se anche prendessero in giro lui non se ne renderebbe conto. Almeno così credo, o forse spero, o forse comincerà a rendersene conto diventando grande. Allora, per evitare che Leo soffra e che tutti i chiacchieroni, i fisicati e le carine del mondo offendano senza volerlo, sta a noi educarli a un modo diverso di vivere, convivere e, perché no?, anche di parlare. Per questo, avevo pensato di andare a confrontarmi con loro: ma stavolta ho scelto di stare con Stefania, Giulia e Leo. Sono qui per stare con loro e non per fare sempre l'educatore.

Tutti i ragazzi di PizzAut mi hanno raccontato di essere stati vittime di episodi di bullismo o semplicemente sono stati fatti oggetto di scherno. Ma arrivare a PizzAut li ha sicuramente resi più sicuri, anche perché ogni sera qui raccolgono complimenti e applausi e alcuni di loro sono diventati beniamini dei social. Come Lorenzo TeppAutistico, che il primo maggio è stato assunto a tempo indeterminato e proprio i social hanno raccontato del suo contratto. Oggi abbiamo festeggiato la sua assunzione facendogli un regalo pensato insieme al nostro amico Elio. Lorenzo è un super appassionato di musica metal e rock: suona da anni la batteria con un insegnante che col tempo è diventato per lui un fratello più grande, un riferimento, un amico vero. Lorenzo conosce gruppi noti e alcuni di cui l'esistenza è nota, come gli dico sempre, soltanto a lui e ai genitori dei componenti di quelle band. Ma c'è poco da scherzare sulla musica con Lorenzo, perché per lui è un argomento molto serio e da quando ha conosciuto Stefano-Elio ha finalmente trovato un esperto vero, non come noi poveri ignoranti, e si confronta con lui sulle ultime uscite o su alcuni album del passato, o sulla classifica dei dischi immortali, del migliore bassista e così via. Stanco di rispondere alla mia stessa, monotona e poco originale domanda, ha preso un pezzo di carta e mi ha scritto di suo pugno che i suoi idoli sono i Linkin Park (e in particolare il brano *Burn It Down* tratto da *Living Things* del 2012) e Tarja (col brano *Our Great Divide*, tratto da *My Winter Storm* del 2007). Per quanto riguarda gli italiani, Lorenzo non ha dubbi: esiste solo Piero Pelù, prima con i Liftiba e poi da solo. Piero Pelù e non si discute.

E oggi, 23 maggio 2023, Elio ha avvisato Lorenzo che questa sera arriverà una sorpresa per la sua assunzione. Il regalo entra a PizzAut alle 19, quando il servizio al ristorante è appena iniziato e Lorenzo ha già preso la prima comanda. Uno dei volontari sta filmando la scena perché sappiamo che passerà alla storia. Eccolo, Piero Pelù entra al ristorante e si fa subito sentire.

«Lorenzo.»

Lorenzo non capisce subito, in sala serpeggia una strana agitazione che lo distrae.

«Lorenzo, non mi guardi?»

Il TeppAutistico, il mio cameriere più chiacchierone e incontenibile, si volta, lo vede e rimane letteralmente paralizzato. Passa qualche secondo e si rivolge a me: «Nico, cosa sta succedendo?».

«Succede che Piero Pelù ha saputo della tua assunzione e voleva farti di persona i complimenti.»

Lorenzo è davvero in trance. Mi viene ad abbracciare e mi stringe più forte del solito, lui che già gli abbracci morbidi non sa cosa siano.

Pelù si avvicina: «Posso stringerti la mano?».

Lorenzo, sempre più incredulo, lo abbraccia, appoggia la sua testa sul petto del suo idolo e penso che se fosse per lui rimarrebbe lì, in quella posizione, per tutta la sera. Non dice una parola e intervengo io: «Ma Lorenzo che ti succede? Neppure quando hai incontrato il Presidente Mattarella sei ammutolito così».

«Chiedo scusa a tutti, sono molto emozionato.»

Lo ripete di continuo, un po' balbettando: «Io non me l'aspettavo. No, davvero, non me l'aspettavo».

Pelù si siede al tavolo che abbiamo preparato per lui e Lorenzo improvvisamente rientra in sé e ai doveri di neoassunto: «Scusa Piero, ma io devo lavorare».

E torna alla sua comanda continuando a girare la testa per controllare che non abbia sognato e che il suo idolo sia davvero lì, e sia lì per lui.

«Lorenzo, per un'ora sei esentato dal servizio e puoi sederti a tavola con Piero Pelù» lo rassicuro.

E li lascio a discutere di musica e di lavoro inclusivo. Pelù chiede informazioni su PizzAut e Lorenzo sfodera tutta la sua cultura musicale elencando la discografia completa dei Liftiba cominciando da *Desaparecido*: titolo, brani contenuti e anno di pubblicazione. Su *Spirito* Pelù, che fino a quel momento ha ascoltato tra il meravigliato e il divertito, blocca Lorenzo.

«*Spirito* è del '95, non del '94.»

«Ti sbagli Piero, è del '94.»

«Vabbè che sei mio fan, ma saprò quando ho pubblicato i miei dischi...»

«*Spirito* è del '94, novembre '94.»

Rido come un pazzo: «Piero non voglio contraddirti, ma è impossibile che Lorenzo sbagli una data».

«Ok controlliamo.»

Lorenzo resta impassibile a guardare noi due che smanettiamo sui nostri smartphone. Piero legge, rilegge, rilegge ancora. Poi alza la testa, guarda prima me e poi Lorenzo.

«Ma non ci credo, hai veramente ragione tu: era novembre '94. Lorenzo, sei troppo rock!»

Lorenzo ammicca: «Io so tutto di te». Piero Pelù rimane con noi per una bella fetta della serata, beve una birra piccola, noi che ce lo aspettavamo almeno con un boccale di media ma passa la mano perché ci spiega che poi dovrà guidare, e si intrattiene con tutti i ragazzi e i volontari. Ha una parola e un sorriso per ciascuno di loro. Piero Pelù è un duro dal cuore buono.

Un milione di gesti d'amore

Un'estate memorabile. Abbiamo salutato i ragazzi a luglio e ci siamo presi noi e loro un paio di settimane di vacanza perché fra fine agosto e inizio settembre avremo due eventi molto impegnativi e molto importanti: dal 21 agosto saremo la pizzeria ufficiale del Meeting di Rimini e a settembre saremo presenti con i nostri PizzAutoBus all'interno dell'autodromo di Monza, durante il Gran Premio di Formula 1. Quando ci hanno invitati, in tarda primavera, mi sono preso un paio di giorni per pensarci, parlarne con i miei collaboratori più stretti e con qualche genitore: quella di Rimini è sicuramente un'occasione importantissima di visibilità e nuove relazioni, ma significa uscire dalla nostra comfort zone e chiedere ai ragazzi uno sforzo aggiuntivo, forse anche azzardare un po' un salto nel buio perché devono misurarsi con un contesto che non conoscono e che non è protetto come sono i nostri due locali di Cassina e di Monza. Alla fine ho detto sì, convinto anche dagli organizzatori del Meeting che mi sono sembrati sinceramente interessati al nostro progetto: e poi il tema che hanno scelto per questa edizione, «L'esistenza umana è un'amicizia inesauribile», dice molto di noi perché noi siamo una famiglia cementata da una grande amicizia e perché io sono sempre pronto quando intuisco che posso conoscere persone nuove e stringere nuovi rapporti, di quelli belli che ti scaldano il cuore.

Quando abbiamo chiuso le pizzerie ci siamo concessi una serata per dirci arrivederci e non so quante volte ho dovuto rispondere a Lorenzo, a Simone e ad altri dei nostri ragazzi già assunti che mi hanno ripetuto in continuazione la stessa domanda: «Nico, ma sei sicuro che anche se non lavoriamo avremo lo stipendio a fine mese?». «Sì, ragazzi, le ferie sono pagate.» Lorenzo è stupefatto: «A me non sembra molto furbo uno che ti paga mentre sei in vacanza». E Andrea: «Ma se non guadagni perché la pizzeria è chiusa come fai a pagarci?». Di nuovo Lorenzo: «A me non sembra una cosa molto furba, Nico, devo proprio dirtelo». Dopo aver fatto confermare anche dagli altri adulti di PizzAut che invece il mondo del lavoro funziona proprio così («Il mondo del lavoro è molto strano» insiste Lorenzo) ci siamo salutati. Simone ha rassicurato i compagni: «Vi mando foto sul nostro gruppo di WhatsApp». E sono sicuro che il primo invio sia stato fatto entro le due ore successive perché i ragazzi si vogliono molto bene fra di loro, al di là di qualche frizione o piccola gelosia ogni tanto qui e là: ma in quale famiglia o posto di lavoro non ce ne sono?

Le giornate a Ischitella sono state molto serene. Avevo bisogno di spazi con la mia famiglia e sono contento ci sia stata con noi quella di Enrico: Stefania e Luisa sono diventate amiche e hanno in comune anche il lavoro in un ospedale quindi gli argomenti di conversazione fra loro, figli autistici, mariti matti, turni e corsie, sono tanti; Leo considera Matteone il suo fratellone anche se il suo modo di dimostrargli affetto è spesso quello di non dargli tregua; Giulia si trova bene con Gaia, che ha ventinove anni e io spero sempre che la mia Giulietta possa condividere con altre sorelle la condizione di «sibling»; poi ci siamo io ed Enrico, una coppia di fatto dicono le mogli, e con lui oltre a mangiare molto (troppo, per le nostre consorti) ho tempo per pensare al futuro prossimo e condividere sogni che potrebbero diventare più grandi. «Nico, metà delle cose che dici per me sono troppo difficili perché tu sei troppo avanti e riesci a vedere i progetti quando ancora non ci sono» mi ripete sempre. Ma io senza di lui che riesce con la stessa disinvoltura e competenza a cucinare spaghetti allo scoglio per 100 persone, a smontarmi e rimontarmi un forno, a mettere in riga un fornitore che ci ha lasciato una cassetta di frutta mezza bacata, io senza Enrico come farei?

E infatti, anche la spedizione a Rimini la organizzo con lui: tornando da Ischitella ci siamo fermati a fare un sopralluogo e capire come possiamo utilizzare lo spazio che ci è stato assegnato. Avevamo già portato giù un truck e un forno dei nostri: si trattava di capire cosa servisse ancora e compilare una lista precisa di tutto, dagli ingredienti alle tovagliette di carta, dai grembiuli ai gadget. Il 19 agosto siamo ripartiti da Monza, sempre io ed Enrico: credo che lui avrebbe preferito stare a casa con Matteo ancora qualche giorno, ma non si tira indietro mai e lo ammiro per questo, perché suo figlio è assunto a tempo indeterminato da due anni e potrebbe disinteressarsi del progetto, tanto «si è sistemato». E invece è più presente di prima e lo fa per gli altri figli, per moltiplicare le occasioni di firmare nuovi contratti e cambiare la vita di altri genitori. Ce lo siamo ripetuti anche questa sera, che siamo soli a dormire in un albergo vicino alla Fiera: prima abbiamo mangiato una pizza, come ogni tanto ci capita di fare per carpire qualche segreto in più, fare confronti con le nostre ricette e i nostri sapori e poi concludere sempre, con grande modestia, che siamo più bravi noi... Ora al buio in questa stanza minuscola, riesco a dismettere i panni di quello sempre sicuro di sé e confessare i miei timori.

«Enrico, ma non avrò esagerato a trascinare i ragazzi in questo caos? Hai visto quello stanzone così alto? Ci sarà tantissimo rumore, un viavai di migliaia di persone, troppa confusione, e abbiamo anche lì vicino lo spazio dei concerti con le casse che spareranno note a volume altissimo...»

«Ci siamo portati anche le cuffie e se i ragazzi avranno problemi gliele faremo indossare. Ma era giusto venire.»

«Tu sei sicuro?»

«Certo Nico. Anzitutto perché i ragazzi riescono sempre a sorprenderci in positivo e sono sicuro lo faranno anche qui. E poi perché anche questo di uscire dai nostri locali è un sogno che abbiamo e se diciamo che è vietato calpestare i sogni a maggior ragione non possiamo, anzi non dobbiamo, calpestarceli da soli.»

Un pensiero bello che mi concilia il sonno. E oggi, che sono ben riposato e ho dormito più delle mie quattro ore canoniche, sono pronto per andare in scena. Qui c'è tutto da allestire e il Meeting ci mette a disposizione un gruppo di ragazze e ragazzi volontari che si danno da fare a scaricare tavoli, passare strofinacci umidi sulle sedie, dare una ramazzata per terra. Sorridono, sorridono, sorridono e sono molto colpito da questo esercito di giovani, io che ne ho seguiti tanti, animati da uno slancio autentico di generosità, facce belle di ragazze e ragazzi che preferiscono questa esperienza a 40 gradi senza condizionatori alle comodità di una vacanza in qualche luogo balneare dove si balla e ci si sballa. Intanto mi hanno avvisato che da Monza sono partiti i miei prestissimo e a breve saranno a Rimini: tre pizzaioli e sette camerieri autistici, scelti nelle brigate di Monza e Cassina, con una ventina fra genitori e volontari che daranno il supporto alla cucina e al servizio. Alcuni capi del Meeting ci hanno aiutato a ricostruire i layout delle cucine per renderle il più possibile simili a quelle di Monza e di Cassina in cui i ragazzi sanno già muoversi. E ora siamo pronti per il primo pranzo. Alcuni ragazzi sono più preoccupati di altri e vedo che faticano a prendere le comande, quindi li faccio seguire dai volontari del Meeting con cui avevamo fatto una bellissima riunione il giorno prima. Ma l'accoglienza che riceviamo è calorosa oltre ogni aspettativa e ci incoraggia molto. A fine servizio, mando camerieri e pizzaioli a riposarsi perché tra il viaggio e il primo impatto ne hanno davvero bisogno. Io resto qui con alcuni papà a tirare le somme che condivido su Facebook partendo dai numeri.

«Primo pranzo al Meeting. 326 pizze cucinate e servite al ristorante; 281 sui PizzAutoBus; 3 pizzaioli e 7 camerieri Aut; 20 volontari; 600 persone servite; 10mila abbracci; 100mila sorrisi; un milione di gesti d'amore: che bello dare i numeri!!!» Scrivo così e nel giro di due ore vengo sommerso da like, cuoricini e da tantissimi commenti di sconosciuti ma fedelissimi amiche e amici di PizzAut. E che non siamo soli me lo dimostra anche quello che succede dopo un altro post. Andrea, il nostro violinista Aut, avrebbe voluto esibirsi anche qui come fa a Cassina, ma il giorno prima di partire si era rotta una chiave del suo violino. Mi sono reso conto, e anche papà Giulio me lo ha fatto notare, che questa «rinuncia» stava pesando tantissimo sull'umore di Andrea che si era preparato a suonare «all'estero» come diceva lui e si era un po' rinchiuso in un mutismo non da lui. Così mi sono affidato ai social per chiedere a qualche violinista di presentarsi e di prestare il suo strumento per un momento ad Andrea, in cambio di una pizza. Luca Venturelli, un giovane atleta Fidas, legge il post mentre è in spiaggia con gli amici: lui ha un papà violinista e lo chiama subito per raccontargli l'episodio. «Papà, dobbiamo andare da Andrea e portargli il violino del bisnonno.» Così nel giro di 24 ore, il sogno di Andrea si realizza e noi abbiamo una famiglia di amici in più. In realtà poi devo tornare sui social a spiegare che non servono più violini, perché riceviamo altre disponibilità, compresa quella di una coppia che sarebbe venuta appositamente da Roma per accontentare il nostro cameriere musicista. E questa è la bellezza della condivisione, un altro dei piccoli miracoli di PizzAut.

A Rimini è atteso anche il Presidente Mattarella e sarebbe straordinario che facesse un passaggio da noi: dopo l'incontro per l'inaugurazione del 2 aprile, i ragazzi lo considerano veramente «Uno di noi». Il tavolo di PizzAut Monza dove aveva pranzato il 2 aprile, per dire, lo chiamano «Il Tavolo del Presidente» e non vogliono mai apparecchiarlo per nessuno: «È troppo importante» mi hanno fatto osservare da subito. E così quello è il tavolo riservato soltanto a noi, ai ragazzi e ai volontari: lo usiamo per fare il briefing, cenare a fine servizio o festeggiare i nostri compleanni. Ma resta «Il Tavolo del Presidente». Sarebbe bellissimo per i ragazzi poterlo salutare un'altra volta, ma lo staff del Meeting mi disillude subito: «Ha una agenda strettissima e non può fermarsi anche da voi purtroppo». Io non demordo e riesco a conquistare un posto per me e per due dei miei ragazzi all'incontro del 25 agosto nella grande sala auditorium. Il Presidente viene accolto da una standing ovation che mette i brividi e mi ricorda quanto avevo provato all'inaugurazione di Monza: davvero quest'uomo è il Presidente di tutti, davvero è il nostro riferimento, la nostra guida sicura. E ogni volta il suo riferirsi alla Costituzione come base della nostra democrazia ci chiama in causa, ciascuno per la propria parte, nel rispetto dei valori e degli ideali chiusi in quella Carta. Mentre sta salendo sul palco riconosce il grembiule rosso mio e di Lorenzo e ci si avvicina, mi abbraccia e mi chiede: «Come stanno i ragazzi di PizzAut?». Sono così emozionato che temo per un attimo di cedere sulle gambe. Ascoltiamo il suo discorso e ancora, alla fine, mentre si sta allontanando, torna a salutare me e Lorenzo. I ragazzi hanno ragione: Mattarella è uno di noi. Al nostro ristorante nei cinque giorni sono arrivate decine di famiglie e associazioni interessate a vedere il funzionamento di PizzAut per replicarlo nelle loro città. Io mi presto a spiegazioni e racconti. Speriamo davvero che altri ci imitino.

Finisce questa esperienza a Rimini con i camerieri Aut ormai sicuri nel muoversi in questa confusione: le cuffie del primo giorno sono rimaste chiuse in uno scatolone e alla sera, finito il servizio, andiamo anche noi a cantare e ballare insieme al popolo del Meeting. È stato sicuramente molto faticoso per tutti, per i ragazzi e per i genitori. Ma grazie al sostegno di tanti volontari del Meeting e soprattutto all'aiuto che ci hanno dato Daniele e la sua famiglia, che avevano il loro stand di fianco al nostro, queste giornate sono state preziosissime. E le relazioni nate alla Fiera sono proseguite anche nel ristorante di Monza: alcuni dei volontari di Rimini hanno deciso di diventare volontari di PizzAut. Mentre guido il truck verso casa penso che anche avere il coraggio di osare serve a radicare il nostro sogno, a rendere più sicuri i ragazzi e serve anche a quelle famiglie di ragazzi autistici che magari fino a ieri si vergognavano e nascondevano la diagnosi o non ne parlavano apertamente. Come dice il vescovo Raimondi: «Finalmente si parla apertamente di questa condizione senza paura di sentirsi giudicati. PizzAut insegna l'orgoglio Aut».

Arrivato a casa sul cellulare si illumina un messaggio di Paola che mi ricorda il prossimo appuntamento: la riunione con il direttore dell'autodromo di Monza, Alfredo Scala, per definire il nostro ruolo durante il Gp. L'opportunità, anche in questo caso, era nata da un incontro in pizzeria quando si era presentato a un tavolo Stefano Domenicali, il Capo della Formula Uno, cioè il numero uno della società che detiene il marchio e la proprietà dei diritti finanziari e commerciali dei Gran Premi. «Un pezzo grosso», come lo ha definito Lorenzino che è molto appassionato di sport e lo aveva riconosciuto per primo. Domenicali aveva apprezzato la pizza e mi aveva buttato lì l'idea: «Ma voi verreste a cucinare dentro il circuito dell'autodromo?». Anche in quel caso, come per Rimini, avevo preso un paio di giorni di riflessione perché in uno spazio del genere i rumori sono ancora più assordanti. Però Domenicali a pelle mi era piaciuto tantissimo perché in pizzeria era stato cordialissimo con i ragazzi e quella sera avevamo cantato e lui si era messo a ballare con loro. Infine mi aveva rassicurato: «Vi daremo una collocazione il più possibile riparata dalla pista». Così, un paio di giorni dopo, lo avevo richiamato: «Ok, ci siamo». Alla conferenza stampa di presentazione del Gp, il direttore dell'Autodromo di Monza, Scala, ha annunciato la nostra presenza al paddock principale, di fianco alla Ferrari, nel cuore del circo Formula Uno. L'idea che con la nostra presenza potremo rendere inclusivo il luogo più esclusivo della Formula Uno mi mette i brividi. Nei tre giorni di prove e gara, al nostro truck lavoreranno due pizzaioli e due camerieri proponendo oltre alle nostre pizze classiche anche la pizza AUTodromo, dedicata a questa occasione: Matteone ha fatto qualche prova in cucina e alla fine abbiamo deciso di abbinare pomodoro, fiordilatte, luganega, crema di panna e zafferano, rucoletta. Sono preoccupato soprattutto per Nicolò, uno dei due pizzaioli, che non sopporta i rumori forti, e quindi con il suo papà Gianfranco ci organizziamo con delle cuffie insonorizzate: avevo pensato di sostituirlo ma lui ci tiene tantissimo a essere presente e quindi le cuffie sembrano un buon compromesso. Quando posizioniamo i truck di fronte all'ingresso principale dei vip, attaccati al paddock Ferrari, Nicolò è sorpreso e noi con lui: da questa posizione non ci sono rumori e può godersi l'esperienza senza indossare le cuffie. Lorenzo, Edoardo, Nicolò e Lorenzino sono super eccitati: nel giro di poco e grazie al tam tam dei social, diventiamo popolari all'interno di questo circo della Formula Uno e passano da noi tanti personaggi, da Damiano dei Måneskin che ci confessa di seguire PizzAut sui social a Khaby Lame, il più noto tiktoker al mondo. I ragazzi vedono i piloti e alcuni, come Charles Leclerc, si fermano ad assaggiare le pizze e chiacchierano con Lorenzino. E poi arrivano quelli che ci piacciono ancora di più, le persone «normali»: Marcelo, un tifoso spagnolo, e John, un fotografo americano. La signora Maria con suo figlio e tanti tifosi della Formula Uno che conoscono PizzAut dai social e porteranno a casa selfie con i campioni dell'automobilismo e con i miei ragazzi. Loro si sentono protagonisti, apprezzati e amati; io sono felice soprattutto perché stiamo dimostrando che non siamo qui a fare una gita ma per lavorare: faremo assaggiare a piloti e vip la pizza più buona della galassia conosciuta. E poi mi sa che PizzAut porta bene perché la Ferrari sale sul podio e non capitava da molti Gran Premi.

L'ultimo regalo di Domenicali e Scala arriva alla fine della gara.

«Nico, prendi i tuoi ragazzi e vieni con me.»

«In questa bolgia? Dove stiamo andando?»

«Fidati.»

Io mi fido e con i ragazzi ci muoviamo nella ressa del post arrivo e saliamo una scala. Incredibile, siamo sul podio dove Verstappen ha da poco finito di inondare il pubblico sotto con lo champagne della vittoria: i ragazzi sono senza parole e anche io resto davvero meravigliato nel guardare una folla oceanica di persone in pista, là sotto. Mentre siamo lì, incantati e ancora increduli, un gruppo di tifosi dal basso ci riconosce e inizia a gridare come fosse un coro da stadio: «Mandaci la pizza, PizzAut mandaci la pizza...». I ragazzi si sporgono un po' di più e l'incitazione sale, con gli applusi e le mani che ci salutano. Io sorrido felice, Nicolò invece mi guarda preoccupato.

«Che succede Nicolò?»

Lui mi indica la fiumana di persone sotto di noi: «Nico ma se questi sono tutti in fila per l'asporto, mi sa che dovranno aspettare molto. Non è che poi si arrabbiano?». Io rido e penso che i miei ragazzi sono meravigliosi.

Passata anche questa kermesse, finalmente è lunedì e posso riposarmi un poco. Il lunedì è l'unico giorno che riesco quasi sempre a dedicare a mio figlio Leo. Già perché ogni tanto mi pare di dimenticare che mentre lavoro per e con i ragazzi Aut, io ne ho uno a casa che sta crescendo e che inevitabilmente a volte trascuro. Quando Stefania ha il turno in ospedale e io sono incastrato da PizzAut, dobbiamo affidarlo agli zii Massimo e Daniela, sempre disponibili. Altre volte lo porto con me in pizzeria ma non posso prendermi cura di lui e resta anche più di un'ora seduto a un tavolo a guardare film o fare qualche gioco. Io sono tutto preso e travolto dalle mie attività, dall'organizzazione, dai ragazzi e dagli impegni e spesso sono distratto, poi lo sguardo mi cade sulla sua testa china su un piccolo monitor e allora percepisco la sua solitudine e la mia distanza e mi faccio prendere dai sensi di colpa. Per questo i nostri lunedì sono importanti.

Anche se stare con Leo a volte è complesso: lui non parla bene e le sue difficoltà cognitive limitano i nostri discorsi e mi fanno sentire impotente. A volte mi sento così perso quando passiamo insieme ore senza parlare, anche se ho imparato a perdermi con lui: perso nei suoi abbracci, perso nei suoi giochi e perso nelle nostre fragilità. Mi fisso in testa i fotogrammi di quando mi sembra davvero felice. Come quando vado a prenderlo a scherma, ed è una meraviglia vederlo sorridere con la sua tuta bianca e la spada in mano. Non esistono più limiti con quella spada: Leo tocca il cielo con la punta del fioretto e io sto in cielo insieme a lui.

L’Europa ascolta l’autismo

Tutto era cominciato con David Sassoli. Grazie a Eugenio Comincini, lo avevo conosciuto nel 2019 a un evento alla Casa della Carità di Milano, organizzato da don Virginio Colmegna. Con lui c’era l’europarlamentare Patrizia Toia, una donna tosta e decisa, da sempre impegnata in politica e non soltanto sui temi del sociale: si era innamorata del progetto di PizzAut e aveva voluto che lo raccontassi a lei e a Sassoli. Sono abituato a incontrare persone nuove, tutte hanno qualcosa da insegnarmi e tutte mi lasciano qualcosa: alcune però ti segnano fin dal primo minuto, ti trasmettono immediatamente la sensazione di avere una profondità, una forza, una umanità fuori dal comune. La prima stretta di mano con Sassoli mi aveva comunicato tutto questo. Ricordo lo sguardo intelligente e accogliente, l’attenzione con cui mi aveva ascoltato: lui, apprezzato Presidente dell’Europarlamento, una delle personalità politiche più stimate e influenti d'Europa, avvezzo a parlare con i potenti della terra, e io, un papà di figlio autistico che forma pizzaioli Aut e vende pizze con loro. Sassoli aveva sottolineato l'importanza di fare inclusione attraverso il lavoro, attraverso contratti e progetti coraggiosi. «Devi andare avanti e quando avrete ingranato e aperto la vostra pizzeria, vi inviteremo al Parlamento europeo a farcela assaggiare» mi aveva incoraggiato.

E ora, non sono passati neppure cinque anni, eccoci qui. Il Presidente Sassoli ci ha lasciato nel gennaio 2022: un anno dopo, io e una delegazione dei ragazzi stiamo per volare a Bruxelles. Da quella prima stretta di mano ci sono stati altri contatti: Sassoli ha seguito da lontano la nostra prima inaugurazione, ha continuato a informarsi sulla tenuta del progetto e a complimentarsi per ogni piccolo o grande traguardo raggiunto. Patrizia Toia ha coinvolto altri colleghi europarlamentari e non ha mai dimenticato quella promessa di Sassoli, che forse ha sentito come responsabilità ed eredità un po' sua, perché lei aveva assistito all'interramento di quel primo seme. E il seme ha dato molti frutti. A inizio luglio dello scorso 2023 mi è giunta la comunicazione dal Parlamento di Strasburgo: a me e al progetto che «nutre l'inclusione» è stato conferito il «Premio del Cittadino Europeo». Siamo stati individuati, con altri 37 soggetti o realtà dei Paesi dell'Unione, fra le migliori iniziative che favoriscono «la comprensione reciproca e una maggiore integrazione tra i cittadini dell'Ue, una cooperazione transfrontaliera che contribuisca a rafforzare lo spirito europeo, i valori e i diritti fondamentali dell'Ue». Il riconoscimento mi riempie di orgoglio e anche di consapevolezza: in Europa ci sono quasi 6 milioni di persone autistiche e per me è sempre importante accendere un faro sulla loro condizione, su quello che manca e su quello che si può fare per garantire dignità di vita, sostegno alle famiglie, inclusione autentica. Un riconoscimento, per quanto prestigioso e unico come questo, non deve mai rappresentare un punto di arrivo: questa è una importantissima partenza per un altro pezzo della nostra battaglia contro l'indifferenza. Una tappa dell'impegno per far crescere prospettive, mostrare nuove, diverse e ulteriori possibilità per creare posti di lavoro, comunità di affetti e relazioni, luoghi accoglienti dove poter essere ciò che si è e dove poter crescere e migliorare.

A quella comunicazione era seguita la prima cerimonia a Roma, il 12 ottobre, e anche in quella occasione avevo dedicato il premio a tutti i genitori di ragazzi Aut, a quelli che hanno trovato una strada per l'integrazione dei loro figli e ai troppi che ancora la stanno cercando, a quelli che stanno vivendo l'avventura di PizzAut e a quelli cui non sono riuscito a dare la risposta positiva che avrei voluto offrire. Poi, il 7 novembre 2023, sono stato ospite dell'Eurocamera di Bruxelles per la consegna vera e propria del riconoscimento e ho voluto accanto a me Stefania, Giulia e Leo. Ci siamo concessi questa mini vacanza di due giorni, densa di emozioni da condividere nella nostra famiglia, perché il sogno di PizzAut è cominciato in casa Acampora, nella fatica della nostra quotidianità, nella straordinarietà di una spaventosa diagnosi, nel coraggio che ognuno di noi quattro ha messo e continua a mettere condividendo sacrifici e paure, emozioni e conquiste. Per questo avevo voluto ci fossero anche i miei tesori. Ci aveva fatto davvero impressione entrare nell'emiciclo dove siedono i rappresentanti di un disegno unitario europeo nato moltissimi anni fa, nella testa di uomini illuminati di cui qui dentro leggi i nomi e respiri la grandezza: Altiero Spinelli e Alcide De Gasperi, Jean Monnet e Robert Schuman, Konrad Adenauer, Joseph Beck, Paul-Henri Spaak e altri ancora. Resti intimidito e onorato, ti senti grato nei confronti di chi ha osato sognare in grande e costruire mattone su mattone l'idea di una casa comune per le cittadine e i cittadini d'Europa, unendo chi si era fronteggiato in guerre terribili, cercando una via economica che rafforzi l'insieme e sostenga i più deboli, aprendo le frontiere per insegnare ai nostri figli che i confini sono una convenzione delle carte geografiche e delle menti ristrette. Tutto questo almeno sulla carta perché per l'Europa dei popoli c'è ancora molta strada da fare.

Raramente ho visto Stefania tanto commossa, anzi se vogliamo usare le parole giuste ha proprio pianto come una fontana quando è stato pronunciato il mio nome e sono salito al leggio. In tantissime lingue è stato tradotto simultaneamente il mio piccolo intervento che mi ero scritto in aereo ma che in realtà è radicato nel mio cuore da sempre: «Parlare di autismo non è difficile, è difficile essere capaci di generare negli altri il desiderio di ascoltare. Ascoltare è il vero gesto rivoluzionario».

Sono così emozionato che PizzAut e i suoi ragazzi vengano considerati un esempio e un modello possibile per tutti gli Stati membri dell'Unione Europea, ed è ancora più incredibile perché all'inizio, e non molto tempo fa, questa era stata bollata come la pazzia di un padre frustrato incapace di rassegnarsi al destino di suo figlio. Eppure sono qui e in questa giornata straordinaria mi si presentano tanti europarlamentari italiani e stranieri, vengo travolto da bigliettini da visita e da numeri di telefono di chi mi promette una mano e di chi vorrebbe esportare l'idea anche fuori Italia. A me pare tutto meraviglioso: Leo che gira nei corridoi immensi di questa casa comune con la sua spada laser; Giulia che si perde fra i tantissimi giovani, non hanno molti anni più di lei, che qui inseguono un sogno di libertà e giustizia, lo stesso sogno che sta crescendo con lei, Stefania che piange e l'unico problema è che in tutte le foto piange e non vorrei che in futuro qualcuno pensi che la tratto male... Quindi ci facciamo immortalare da Giulia mentre ci stampiamo un bel bacio e le rinnovo la mia gratitudine: «Senza di te non saremmo qui». Che è la pura e profonda verità.

C'è solo un piccolo particolare da mettere a posto. Bisogna che io qui torni con i miei ragazzi: abbiamo servito le nostre pizze al Parlamento italiano, in Vaticano e in tantissime piazze d'Italia. Bisogna farlo anche qui. Patrizia Toia, una autentica macchina da guerra, si era subito messa in moto. Con altri due parlamentari del suo gruppo, Brando Benifei e Giuliano Pisapia, ha avviato l'iter burocratico di permessi, agende, richieste per individuare il giorno e costruire l'evento e l'ospitalità: ne hanno parlato con la Presidente del Parlamento europeo Roberta Metsola, con il loro collega Salvatore De Meo, che è di una parte politica diversa dalla loro, ma l'autismo non è una questione esclusiva di uno o di un altro schieramento. Poi si sono attivate le segreterie che ho affidato alla nostra Paola e magicamente, come accade sempre a PizzAut, io ho smesso di preoccuparmi fino al giorno in cui lei, che è anche la vicepresidente di PizzAut onlus, mi ha blindato in ufficio a Monza: «Il 22 gennaio 2024 andiamo a Bruxelles e il 23 ci aspettano per fare le pizze nel ristorante dell'Europarlamento. Dovresti dirmi come vuoi formare la delegazione e poi penso a tutto io, organizzazione, biglietti aerei, sistemazione, documenti…». Avere intorno persone che ti risolvono i problemi è davvero un dono enorme: in tutte queste settimane so per certo che Paola, e non soltanto lei, ha dovuto mettere ore e ore di lavoro (volontario sempre, non dimentichiamolo) per costruire al meglio questa trasferta, coinvolgendo le persone, inseguendo chi non aveva mandato la carta d'identità, rassicurando le mamme magari preoccupate dal viaggio, sentendo alberghi e compagnie aeree, interfacciandosi con gli uffici del Parlamento europeo e così via. «I nostri ragazzi sono speciali e ogni esperienza deve essere speciale» è la sua filosofia. Per questo, Paola si consulta con Enrico e alcuni papà per garantire che anche la cucina in trasferta funzioni: in autonomia concordano un menù e capiscono come mandare in Belgio i nostri ingredienti. A questo penseranno Emilio e Angelo di Amore & Pinsa che smarcano tutta la burocrazia necessaria per il trasporto di alimenti, aiutati da Matteo, un funzionario dell'Europarlamento. Non è ancora finita: dobbiamo predisporre tutto in modo che in nostra assenza funzionino a regime sia il locale di Cassina sia quello di Monza. Sembra facile dire «Andiamo a Bruxelles», ma dietro ci sono davvero settimane e settimane di preparativi perché nessun particolare venga trascurato: dalla navetta che ci porterà a Orio al Serio alla splendida accoglienza in aeroporto, dalla spedizione via terra del camion frigo alle visite guidate.

Calcoliamo che ci bastano sette fra pizzaioli e camerieri: mentre definisco la lista cerco di considerare chi non ha mai avuto opportunità di andare in trasferta e chi penso possa trarre giovamento da questa esperienza per prendere più coraggio e consapevolezza. Parlo con i ragazzi uno a uno, perché so che inevitabilmente qualcuno potrebbe restare male per non essere stato coinvolto: ma io ho anche bisogno di pizzaioli e camerieri che mandino avanti i locali, collaborando con Christian e chef Ema a Cassina, con Kerol e chef Amelia a Monza.

Insomma, alla fine la lista c'è. Siamo in ventotto, perché oltre ai ragazzi e al mio Leo, ci sono i genitori di chi parte e alcuni dei nostri volontari che saranno fondamentali nella buona riuscita di queste giornate e che potranno arricchire la testimonianza di PizzAut al Parlamento. Il ritrovo per tutti è alle 6 alla pizzeria di Monza, mentre il camion frigo è partito ieri insieme anche al violino di Andrea che mi aveva anticipato subito il suo grande desiderio: «Nico, l'*Inno alla Gioia* è l'inno ufficiale dell'Unione Europea. Io vorrei suonarlo mentre serviamo le pizze: cioè, do anche io una mano a servire, ma quando tu mi dici che tocca a me, mi fermo e suono».

Alle 6 i ragazzi Aut sono decisamente molto più attivi e tonici di me, che però comincio subito con una diretta Facebook, tanto per regalare un bel risveglio ai nostri follower. Paola fa l'appello, Simone ha già cominciato a salutare i compagni rimasti a casa mandando messaggi e foto sul loro gruppo WhatsApp e direi che si può partire. Per alcuni dei ragazzi è il primo volo, ad esempio per lo stesso Andrea e per Leonardo che però puntualizza: «Sono molto emozionato, ma non ho per nulla paura». «Succedono più incidenti in strada che in cielo» ci rassicura Alessandro mentre intravedo un paio di adulti che a questa dichiarazione uniscono qualche gesto apotropaico.

All'aeroporto di Orio è stata predisposta l'accoglienza che loro già prevedono per le persone con disabilità e autistiche: anche questo mi pare un importante segno dei tempi. Significa avere attenzione a un problema fino a poco tempo fa trascurato e soprattutto significa creare le condizioni perché alle persone con qualsiasi disabilità sia consentito viaggiare, perché anche il viaggio contribuisce a costruire una vita piena. Mi torna in mente la fatica del primo volo affrontato con Leo, insieme a Giulia e Stefania, per andare insieme a Eurodisney. Leo aveva sei anni, e una volta salito sull'aereo si era subito spaventato per la nuova situazione. Lo avevamo fatto sedere tra noi, ma dopo il decollo aveva cominciato a lanciare piccoli urletti e a sbattere i piedi. La signora seduta davanti a noi, una donna distinta ed elegante, con gentilezza ci aveva chiesto di provare a farlo smettere e noi ci eravamo scusati e per calmarlo gli avevamo dato qualcosa da mangiare. Per un po' aveva funzionato, poi però la tensione aveva di nuovo preso il sopravvento. Leo piangeva e si lamentava e a quel punto la signora, molto meno gentile, si era di nuovo voltata indispettita.

«Potete farlo smettere? Questo bambino è un gran maleducato.»

«Signora, non è maleducato: Leo è autistico.»

«Se è autistico, allora tenetevelo a casa.»

Avevo dovuto trattenere Stefania che stava per aggredirla, mi ero scusato e avevo provato un senso di mortificazione che troppi genitori sentono ancora e che nessuno dovrebbe mai provare.

Oggi sono sicuro che non succederà. A Orio ci viene evitata la coda ai controlli e c'è soltanto Matteone contrariato perché gli è stato chiesto di togliere anche le scarpe e appoggiarle sul nastro: «Davvero una seccatura» ripete continuamente. Ma le operatrici lo assistono e aiutano con grande pazienza. Nella sala d'attesa che ci viene assegnata i ragazzi possono stare rilassati, guardare la tv, bere qualcosa di caldo e chiacchierare per stemperare l'inevitabile tensione. Matteone, capo dei pizzaioli, ripassa la ricetta che è stata pensata per l'occasione: «La pizza EuropAut avrà fiordilatte, rucoletta romana, Gran Biscotto, olive taggiasche, granella di pistacchio di Bronte, olio extravergine». Il mio Leo circola indisturbato con la sua spada che ha passato i controlli essendo stata qualificata come oggetto non pericoloso e Beatrice ripete a chiunque le giunga a tiro il discorso che si è preparata per gli europarlamentari. Il suo vuole essere un appello a favore delle persone autistiche e ovviamente lo lancerà in inglese e anche in giapponese, che resta la sua passione ed è inutile spiegarle che non stiamo andando alle Nazioni Unite e che gli europei solitamente non conversano in giapponese. Ma tant'è.

Anche l'imbarco fila via liscio e tanti viaggiatori ci guardano con simpatia: qualcuno ci riconosce, qualcuno sorride davanti ai ragazzi che salutano tutti uno a uno perché abbiamo spiegato che bisogna essere gentili con chi volerà con noi. E quindi è un continuo «buongiorno, buongiorno, buongiorno, buongiorno» come se dovessimo diventare tutti migliori amici. Solo pochi sembrano infastiditi dalla inevitabile confusione che un gruppo così può portare, con i trolley che non entrano nella cappelliera, chi non riesce ad allacciare la cintura e viene soccorso dalla hostess, chi sperava in un posto vicino al finestrino e non ha capito che non può sedersi dove vuole. Chi, fra gli adulti, trascorre l'ora e dieci cercando di fare training autogeno per non agitarsi a ogni vuoto d'aria invidia moltissimo

Richi il cuoco che appena seduto, forse ancora in fase di rollaggio, ha chiuso gli occhi e si è lasciato cullare dal volo.

Andrea a metà del volo alza la voce per richiamare la mia attenzione, una fila più avanti: «Nico, ma questo aereo va davvero piano» osserva.

«Veramente stiamo andando a 900 chilometri all'ora o giù di lì.» «Ma come è possibile? Le nuvole sono ferme, avevo pensato fossimo fermi anche noi.»

«No Andrea, per fortuna non siamo fermi...»

E alla fine, eccoci a Bruxelles. Qui piove, la nostra Paola ci guida sicura all'autista che mostra il cartello PizzAut agli arrivi e ci dirigiamo in fila indiana, ciascuno col proprio bagaglio e la propria gioia, verso il pullman che ci porterà in hotel. Bruxelles, siamo arrivati: e sapete cosa faccio? Una bella diretta Facebook!

«Il mio futuro? Spero di essere felice»

Quella di PizzAut è un'avventura collettiva e sono contento che qui con me a Bruxelles ci siano alcune delle persone più importanti della nostra storia. Gli amici di una vita e quelli che si erano avvicinati per darci una mano «professionale» e sono rimasti come volontari. Mentre camminiamo verso il Parlamento li vedo tutti davanti a me, in fila insieme ai ragazzi, e ripercorro le loro bellissime storie che sono di condivisione, solidarietà e affetto. Apre il gruppo Carlo, l'architetto e direttore lavori di Monza, che quando serve lava i piatti insieme alla moglie Giancarla (i ragazzi per comodità li chiamano «I carli», come fossero, e in effetti lo sono, un tutt'uno). Subito dietro, a fare compagnia a Simone c'è Roberto, detto Doc. Il dottore, dentista di Cassina de' Pecchi, era entrato in pizzeria pochissimi giorni dopo l'inaugurazione e, mi avrebbe confessato poi, era un po' scettico: ma una delle figlie aveva insistito tantissimo e lui si era lasciato condurre. Nel giro di un pranzo aveva dovuto ricredersi ed era uscito chiedendomi: «Cosa vi serve?».

Io ero stato velocissimo: «Un'affettatrice, ma una un po' particolare e un po' costosa perché ha meccanismi di sicurezza indispensabili per una cucina Aut».

Il dottore aveva preso in mano la missione e l'aveva rilanciata al Rotary Martesana di cui era presidente. L'affettatrice, andando a girare fra un'azienda e l'altra perché certe cose non le trovi al supermercato e neppure nelle vendite online, alla fine era approdata in cucina. Fiammante e con un bel fiocco. Roberto non si era fermato lì e aveva cominciato a frequentare il locale diventando amico di tutti i ragazzi e delle famiglie. «Sei un dentista? Puoi dare un occhio a mio figlio?» era la domanda ripetuta da un genitore e poi da un altro e un altro ancora. Già, perché se la sedia del dentista è un problema per un normotipico, immaginatevi cosa è per un ragazzo autistico. Roberto non si era sottratto e, giocando anche sulla empatia già scattata con camerieri e pizzaioli, aveva cominciato a seguirli in studio. Simone, che fino ad allora per farsi curare anche una piccola carie aveva bisogno di una anestesia generale, si era convinto: «Io non ho paura del Doc» e così anche questo ostacolo era stato superato. Aveva promesso un prezzo speciale per i ragazzi di PizzAut ma a oggi non mi risulta che abbia mai intascato un centesimo, perché Roberto, il Doc, è fatto così.

A braccetto con Bea c'è invece Andrea Pertegato, che si occupa delle relazioni stampa per Coop Lombardia. La sua telefonata mi era arrivata alla vigilia del Natale 2018: avevamo comprato dei panettoni da rivendere per raccogliere fondi, era il periodo che andavamo in giro con gli Assaggi di PizzAut. I ladri erano entrati nella nostra minuscola sede di allora e avevano fatto piazza pulita, così avevo messo la mia rabbia e la mia amarezza dentro un post di Facebook che qualcuno di Coop aveva notato e aveva mostrato ad Andrea.

«Acampora, mi chiamo Andrea Pertegato. Noi di Coop vorremmo comprare il panettone che non c'è.»

«Scusi?»

«Non ci è sfuggito il suo post e vorremmo darle una mano. Se ci dice quanti erano i panettoni e a quanto aveva intenzione di venderli, noi facciamo una donazione per quel controvalore.»

Una vigilia di Natale indimenticabile, insomma. E poche settimane dopo avevo invitato Andrea e il Presidente di Coop Lombardia nel cantiere di Cassina, per mostrare anche a loro lo scheletro della prima pizzeria interamente gestita da ragazzi autistici. Davanti a me avevo due persone che sapevano poco di autismo, ma davvero interessate a capire. E a bruciapelo, dopo aver loro ricordato che in Italia sono stimate 600.000 persone autistiche, mi avevano stimolato: «La grande distribuzione organizzata cosa può fare per migliorare le loro condizioni di vita?». Non mi pareva vero che mi venisse rivolta quella domanda ed ero pronto.

«Possono formare il personale, possono introdurre quella che in gergo si definisce la comunicazione aumentativa alternativa, nei loro store possono depotenziare le sorgenti acustiche e visive perché troppi rumori e troppa luce disorientano gli autistici». Mi avevano ascoltato davvero e l'8 ottobre 2020 a Monza, Coop aveva inaugurato il primo supermercato d'Europa Autism Friendly: una struttura con commessi e inservienti in grado di riconoscere una persona autistica e agevolarla nella spesa o riconoscere piccole crisi; con luci più basse, percorsi definiti e corridoi larghi per evitare resse, soffitti insonorizzati. Era stata una festa bellissima: eravamo arrivati con il food truck e con i ragazzi Aut pronti a fare pizze per tutti, avevo ascoltato le perle di saggezza del professor Lucio Moderato, uno dei principali esperti di autismo in Italia, avevo rivisto Elio e avevo conosciuto Omar Pedrini che sarebbe diventato un grande amico e frequentatore di PizzAut. E Andrea, schivo e modesto, era stato l'artefice principale di questa nuova rete di bene che si stava generando. Ma non era finita lì, perché con i suoi aveva poi definito l'assunzione di Beatrice e la pubblicazione di un libro con i fumetti manga disegnati da lei.

E infatti anche ora che stanno passeggiando verso il Parlamento, immagino stiano parlando di qualche nuovo progetto. Don Luca Raimondi non poteva non esserci e non devo neppure spiegare perché è qui anche Eugenio Comincini. Poi c'è il vero animatore della squadra, Claudio Gargantini, detto «Il Garga». Come ricorda sempre, ci conosciamo dai tempi delle case Gescal, quando lui e altri del suo giro oratoriano e di

Azione Cattolica venivano nel nostro quartiere ad aiutare i ragazzini a fare i compiti. Me lo sono ritrovato, sempre in oratorio, quando avevamo proposto il primo evento di PizzAut a Cernusco dove continua a vivere con la sua famiglia: e non mi ha mai mollato. È stato lui a presentarmi Paola e don Luca: perché il Garga è un tessitore di reti da sempre. Il Garga conosce tutti ed è un grande amico oltre a essere un gran pasticcione. Il Garga è una certezza.

Vicino a Stefania riconosco la sagoma di Valentina, la «zia Vale» di PizzAut, la donna che gestisce tutta la parte amministrativa interfacciandosi con il nostro commercialista, una volontaria che non si vede mai, lavora sempre dietro le quinte, ma che è davvero insostituibile per l'impegno preziosissimo e quotidiano che ci regala ed è indispensabile per la nostra storia. Lei e Stefania sono amiche d'infanzia e quando ho sposato una, mi sono portato in casa anche l'altra: ma è stato davvero un bel guadagno perché Valentina per i miei figli è più che una zia e nei momenti difficili è stata una delle persone che ci hanno consentito di non crollare a fondo. La zia Vale c'è per ogni emergenza, ogni preoccupazione, ogni sconforto e ogni gioia. Lei è famiglia, per noi e per tutta PizzAut. Quando ho cominciato a incaponirmi sul progetto di una pizzeria diceva scherzando che sembravamo una Armata Brancaleone: le avevo chiesto di darmi una mano e lei mi aveva risposto che non se la sentiva, ma lo aveva fatto mandandomi una mail perché forse non aveva il coraggio di dirmelo a voce. Io non avevo fatto nulla per insistere. E poi... Tre giorni dopo me l'ero ritrovata con la sua macchina fotografica, lei che è una impiegata amministrativa ma che avrebbe voluto fare la fotografa, a uno dei nostri eventi di PizzAut.

«Cosa fai qui, Vale?»

«Sono qui per la mia Stefania» aveva tagliato corto nascondendo la sua emozione dietro l'obiettivo: e da quel giorno avrebbe immortalato tutti i primi momenti della nostra storia, lasciando poi il posto di fotoreporter a Gianfranco, il nonno Aut, il più anziano di questa spedizione alla conquista dell'Europa.

Era giusto ci fossero questi amici insieme ai genitori nel giorno in cui parleremo del nostro progetto agli europarlamentari e faremo assaggiare loro la pizza più buona della galassia conosciuta. I ragazzi sono inizialmente un po' intimiditi dal contesto, arrivano alcuni eletti della delegazione italiana e ci fanno entrare in una saletta per conoscerci. Patrizia Toia mette i ragazzi a loro agio: «Questa è la casa di tutti, quindi è anche un po' casa vostra. E oggi vorrei che a parlare foste voi». Io prendo tempo, spiego perché è importante che ci siano leggi a supporto delle famiglie e a favore dell'autismo, parlo di inclusione lavorativa autentica, del nostro progetto di realizzare una flotta di PizzAutoBus per creare altri 500 posti di lavoro, 5 in ogni provincia italiana. Ma mentre intervengo capisco che bisogna cambiare il paradigma: noi parliamo sempre dei ragazzi autistici, questa invece è l'occasione per far sì che a parlare siano loro. Diventare protagonisti: e dove se non nella sede del Parlamento europeo?

Mi fermo e li invito a dirci un loro pensiero. Simone, che ha trentacinque anni ed è il senior del gruppo, rompe l'imbarazzo e racconta: «Io per vent'anni sono rimasto in casa e mi annoiavo molto e non sapevo neppure più scrivere. Poi sono venuto da Nico e allora ho cominciato anche a provare a usare la penna: la mia prima comanda l'ho presa al tavolo 63. Ho scritto due birre piccole e quando ho fatto vedere il foglio a Nico mi veniva da piangere dalla felicità». E mentre confessa l'episodio, in un angolo della stanza suo papà Umberto lo guarda e piange lui, stavolta. Papà Umberto che un giorno mi aveva detto: «Se me lo tieni qui sono disposto a pagare». «A PizzAut funziona che i ragazzi li paghiamo noi, perché sono lavoratori» gli avevo risposto. Andrea annuncia che suonerà un pezzo al violino e guarda avanti: «Io stamattina e ieri in albergo ero un po' a disagio, perché qui parlano tutti inglese. E quindi ho deciso che voglio imparare anche io l'inglese così quando tornerò potrò capire cosa mi dice la gente». Beatrice è pronta per il suo discorso: lei che parla sempre, ogni tanto anzi bisogna spegnerla dico sempre ai ragazzi per prenderla in giro, questa volta ha la salivazione azzerata: una assistente le fa arrivare velocemente un bicchiere d'acqua che le consente di riprendere fiato: «I have three words for you. Job, Dignity, Inclusion. Autistic people are persons, first of all. So please, remember these three words». Riccardo alza la mano, perfino lui, così introverso: «Sono felice e onorato di essere qui e volevo dirvi che oggi per voi farò il pizzaiolo ma io non sono un pizzaiolo perché a Monza faccio il cuoco e non mi piace fare le pizze: ma pur di venire qui ho accettato». A questa sua affermazione ricordo a tutti che le persone autistiche di norma non sanno dire le bugie. Senza filtri anche Leonardo: «Sono contento di essere qui anche perché è stata la prima volta che ho preso l'aereo ed è la prima volta che sono nella città di Bruxelles». Alessandro è l'unico del gruppo che sta ancora finendo il tirocinio, mentre gli altri sono tutti già assunti: «Spero di essere anche io assunto e di lavorare a PizzAut dove ci vogliamo tutti bene. Io non so cosa c'è nel mio futuro ma spero di poter essere felice». Manca Matteone, che ha solo un pensiero: «Dobbiamo andare a preparare la linea». Basta parlare, insomma, anche se il vescovo don Luca riassume bene il valore di questa giornata: «Bisogna partire dai bisogni delle persone, ma prima ancora bisogna partire dal considerare che tutte le persone sono una risorsa».

E adesso bisogna davvero andare nella sala ristorante, dove Enrico e alcuni volontari hanno cominciato ad affettare zucchine e melanzane, hanno acceso il forno per portarlo a temperatura, stanno togliendo dalle confezioni il Gran Biscotto e il fiordilatte. Preparano la linea, insomma; quello che Matteo ha fretta di andare a concludere, lui che è un lavoratore davvero responsabile, non come me che sono qui a chiacchierare. I parlamentari arrivano alla spicciolata: quelli italiani hanno invitato i loro colleghi a una esperienza, più che a un pranzo. E qui si accodano delegazioni davvero di ogni Paese che mi vengono presentate e io capisco soltanto che sono tutti molto contenti di essere qui perché vedo gran sorrisi. Le tovagliette che abbiamo stampato per l'occasione riportano una frase del mio amico Guido Marangoni, il papà di Anna, una bimba con sindrome di Down che lui ha raccontato in libri e spettacoli: Siamo fatti di-versi perché siamo poesia. E c'è anche una frase di David Sassoli a cui dedichiamo la giornata, anche perché è grazie a lui che i ragazzi Aut oggi hanno l'onore e l'opportunità di essere qui: «La nostra libertà è figlia della giustizia che sapremo conquistare e della solidarietà che sapremo sviluppare». Lo spieghiamo alla Presidente Roberta Metsola, perché sì, alla fine è venuta anche lei. E anche a lei facciamo indossare il nostro grembiule rosso: le spieghiamo che lo avevano già annodato in vita anche Papa Francesco e il Presidente Mattarella e lei in italiano risponde: «Allora è un onore ancora più grande». Uno dei miei ragazzi, non capisco se sia Andrea o Alessandro, fa filare il ragionamento: «Se hai il grembiule, devi venire a fare la volontaria». Risate.

Il giro pizza propone la nostra Regina Margherita, la Bombazza, la Light, la Dpcm e l'attesa EuropAut. Durante il pranzo spiego il nostro progetto anche se mi muovo con sempre maggiore fatica: stamattina aveva cominciato a gonfiarsi il ginocchio che adesso è un pallone e mi fa male. Il Doc mi ha dato un antidolorifico e mi ha prescritto «Ghiaccio e riposo». Che spiritoso. Mi fermo per dare spazio prima ad Andrea che esegue l'*Inno alla Gioia*. Poi ci prende gusto e chiede: «Volete che suoni un altro brano?». E via col

Canone di Pachelbel. Altra interruzione per il saluto di Beatrice e intanto ai tavoli si mangia, si chiacchiera e si impara l'inclusione, così magari si potrà esportarla altrove. Al nostro banchetto vanno a ruba grembiuli rossi e magliette e l'ultima perla della giornata ci viene presentata da Simone, che quando ormai siamo verso i saluti, rincorre l'onorevole Toia: «Vieni, volevi il grembiule, te ne regalo uno io». Patrizia Toia si avvicina a Simone: «Desideravo proprio averlo, anche se io in cucina non sono molto brava. Però lo metterò e cucinerò pensando a voi». Simone le sorride, lo toglie dal cellophane e lo apre. «Scusa, hai una penna che ti faccio un autografo?» E così, la giornata della grande bellezza si conclude con l'autografo di Simone a una delle nostre rappresentanti politiche più autorevoli e stimate. Ora mi devo proprio fermare, tenere sollevata la gamba e riempirmi di ghiaccio per anestetizzare il dolore e sgonfiare questo melone. Ma valeva tutto la pena, valeva le fatiche e i dubbi. I miei ragazzi hanno cucinato al Parlamento europeo. Di più: hanno parlato ai politici d'Europa. Allora davvero, c'è speranza nel mondo.

Capodanno col botto

Il 2023 ci ha regalato emozioni e traguardi: tuttavia, mai e poi mai mi sarei aspettato quello che è successo il 31 dicembre.

Molti clienti ci avevano chiesto di tenere PizzAut aperta per festeggiare il Capodanno con noi e con i ragazzi. Organizzare un cenone avrebbe significato fare festa insieme ma anche realizzare un incasso importante, come sa chiunque lavori nel settore della ristorazione: io però avevo preferito rimanere chiuso, perché sono convinto che i miei ragazzi debbano trascorrere con i loro affetti le feste più importanti.

Anche questa è qualità della vita.

Approfittando di questa chiusura ci eravamo riuniti con alcune famiglie proprio al ristorante di Monza: per trascorrere San Silvestro insieme, in un ambiente conosciuto dai nostri figli ma senza ansie lavorative, anche perché è complesso trovare un locale adeguato dove fare Capodanno con i propri ragazzi Aut.

Stavamo aspettando il 2024 assaggiando le prelibatezze preparate da papà Enrico e da altri genitori. Una serata serena, mille sorrisi ricordando i momenti belli e quelli più seri, per ammettere le criticità e azzardare qualche progetto e qualche sogno in più per il nuovo anno.

Uno di noi, non ricordo chi esattamente, si era sintonizzato con lo smartphone sulla Rai per ascoltare il discorso di fine anno del Presidente della Repubblica.

Tutti eravamo scoppiati in una risata quando Matteone, non capendo da dove arrivasse la voce di Mattarella, aveva alzato il suo vocione: «Papà, ma sta parlando il Presidentone, mi sa che è venuto anche lui a fare Capodanno con noi».

Subito dopo, tutti in rigoroso silenzio per ascoltare il discorso alla Nazione. Un silenzio bello, interrotto ogni tanto dalle urla di mio figlio Leo che spesso chiacchiera con il vento.

Le parole di Mattarella iniziano subito a riscaldarci il cuore: «L'unità della Repubblica» stava dicendo il Presidente, «è un modo di essere. Di intendere la comunità nazionale. Uno stato d'animo; un atteggiamento che accomuna perché si riconosce nei valori fondanti della nostra civiltà: solidarietà, libertà, uguaglianza, giustizia, pace. I valori che la Costituzione pone a base della nostra convivenza. E che appartengono all'identità stessa dell'Italia». In questo preciso momento penso che davvero la nostra carta costituzionale dice già tutto, ma spesso è troppo dimenticata e poco applicata, ad esempio quando si parla di diritti, di lavoro, di solidarietà.

Mattarella prosegue mentre qualcuno cerca del vino: «Questi valori, nel corso dell'anno che si conclude, li ho visti testimoniati da tanti nostri concittadini. Li ho incontrati nella composta pietà della gente di Cutro. Li ho riconosciuti nella operosa solidarietà dei ragazzi di tutta Italia che, sui luoghi devastati dall'alluvione, spalavano il fango, e cantavano *Romagna mia*».

E all'improvviso, quello che non ti aspetti, quello che mai avresti nemmeno potuto immaginare: «Li ho letti negli occhi e nei sorrisi dei ragazzi con autismo che lavorano con entusiasmo a PizzAut. Promossa da un gruppo di sognatori. Che cambiano la realtà...».

No, aspetta, cosa ha detto?

Matteone è sicuro: «Papà, hai visto? Voi prima avete riso, ma il Presidente è davvero qui con noi. Hai sentito? Ha chiamato PizzAut».

Io invece non ci posso credere...

Il cellulare comincia a lampeggiare impazzito, mille chiamate, messaggi, WhatsApp. Io cerco di orientarmi: cosa è successo? Avevo capito bene?

«Nico, ha citato PizzAut!» I miei amici e i genitori presenti saltano dalla gioia, i ragazzi si abbracciano, Luisa e Stefania piangono commosse, Enrico mi guarda col suo sorriso buono e complice.

Io rimango lì, seduto, quasi tramortito: incredulo, frastornato, grato, emozionato.

Il Presidente ha parlato di autismo nel messaggio alla Nazione.

Stefania si avvicina: «Nico, stai bene?».

Sono davvero confuso... confuso e felice, come diceva la canzone.

«Non sto benissimo, in effetti. Non capisco cosa stia succedendo.»

Una carezza di mia moglie mi rinfranca.

«Hai sentito anche tu, Stefania? Non me lo sto sognando, vero?»

«Abbiamo sentito tutti. A occhio e croce lo hanno sentito decine di milioni di cittadini italiani...»

Non è solo l'onore e l'orgoglio di essere stati citati: sta cambiando qualcosa, c'è un inizio di cambiamento se il Capo dello Stato parla di autismo nel messaggio di fine anno a reti unificate.

Il nostro impegno e quello di tante associazioni che in Italia si occupano di autismo stanno portando risultati.

Enrico mi si avvicina felice: «Nico, vuole dire che il Capo dello Stato riconosce il valore del nostro progetto, lo indica come esempio replicabile, ci stimola ad andare avanti, e mi piace pensare si sia anche affezionato ai nostri ragazzi».

Poi accenna a un brindisi che io per una volta sono ben lieto di fare, alla faccia del diabete, mentre qualcuno dei genitori mi annaffia da capo a piedi con lo spumante.

Il messaggio del Capo della Stato è riuscito a pacificarmi anche con questa ricorrenza, con una data che fino a oggi, nella mia testa e nel mio cuore, è indissolubilmente legata soltanto alla morte di mia mamma, avvenuta l'ultimo dell'anno del 2017.

I giorni seguenti sono se possibile ancora più frenetici, perché ci chiamano dalle maggiori testate giornalistiche, dalle tv, dai telegiornali nazionali per commentare questo passaggio inaspettato, non concordato, non annunciato e per questo ancora più straordinario.

Riceviamo bellissime telefonate e messaggi social di tanti cittadini e di tanti genitori sconosciuti che vogliono condividere speranze e paure.

E io intanto comincio a ragionare sul futuro, su nuovi progetti.

Se siete arrivati a questo punto del libro ormai l'avrete capito: sono un uomo che non riesce mai a stare fermo, vengo continuamente mosso dal bisogno di costruire un altro pezzo, con la mente rivolta a mio figlio, alla mia famiglia, ai tanti ragazzi autistici che vivono in Italia.

In quei giorni mi colpisce l'insistenza con la quale una mamma mi telefona dalla provincia di Como per chiedermi di assumere suo figlio. Non conosco la signora, non l'ho mai incontrata e non ho idea di come si sia procurata il mio numero di cellulare: fatto sta che mi chiama quasi quotidianamente. Mi racconta di una situazione personale molto faticosa, con pochi aiuti e il pensiero di non riuscire a immaginare né un presente né un futuro per questo suo figlio che le toglie il sonno, la fame, il respiro.

La sua fatica mi scuote, arriva fino in fondo alla mia anima: ma io non riesco ad aiutarla come vorrei.

Devo pensare al team che occorre per gestire i due ristoranti e a febbraio arriverà un'altra squadra di ragazzi Aut la cui formazione è già avviata.

So bene che non possiamo assumere e far entrare in questa grande famiglia tutte le persone che vorremmo, conosco il senso del limite e della realtà e so perfettamente che non possiamo aiutare tutti: ma alcuni «no» pesano più di altri, mi mettono una tristezza ancora più profonda, mi fanno stare male, mi fanno quasi sentire in colpa.

Anche per questo mi ripeto che il progetto deve andare avanti, deve crescere ancora. Non possiamo fermarci a due ristoranti.

Mentre riordino i miei pensieri sono da solo nelle cucine di Monza: aspetto l'amministratore delegato di un'azienda importante.

Guardo il muro dei «mattoni» che sono sulla parete d'ingresso. «Mattoni» come «grandi matti», ovvero i privati e le aziende che ci hanno aiutato nel progetto, sono diventati un pezzo della famiglia e tornano volentieri qui a incontrare i ragazzi. Con loro nascono spesso nuove idee: oggi vedo Fabrizio Gavelli, amministratore delegato di Danone, azienda che ha da poco assunto un ragazzo autistico e con la quale stiamo organizzando un incontro internazionale con manager e HR provenienti da tutto il mondo: Europa, Cina, Brasile, India, per sensibilizzare chi sceglie e seleziona il personale ad assumere ragazzi e ragazze autistiche.

Queste attività sono spesso poco visibili ma segnano davvero grandi cambiamenti.

Penso al percorso fatto con Giuditta Piedilato, direttore della comunicazione di Bosch: con loro abbiamo girato due video bellissimi all'interno del nostro locale per raccontare il progetto dei PizzAutoBus che potranno garantire decine di nuovi posti di lavoro Aut.

Penso all'ingegner Luigi Fuzio di Aligroup - Grandi Impianti che ha progettato con noi i forni e le cucine che hanno reso i nostri pizzaioli autonomi e sicuri sul lavoro.

Penso al direttore della Bcc di Carate che ha sostenuto l'acquisto delle celle frigorifere, o ad Alessandro Angelon, amministratore delegato di Bindi che ha assunto il nostro cuoco autistico, così come Quantum Retail ha fatto con Alessandro Cappelleri, che ha assunto pochi mesi fa due ragazzi autistici che gli abbiamo segnalato.

In un Paese dove sono ancora troppe le aziende che preferiscono pagare le multe piuttosto che assumere persone disabili, questi piccoli ma significativi impegni presi con PizzAut sono ossigeno puro. Forse sono ancora gocce nell'oceano ma, come diceva Madre Teresa di Calcutta, «se questa goccia non ci fosse, all'oceano mancherebbe qualcosa».

Per ognuno dei nostri partner potrei spendere parole di gratitudine autentica.

A loro ho spesso confessato il dispiacere che provo ogni volta che mi ritrovo a non poter rispondere a tutte le richieste di aiuto che ricevo.

Anche per questo motivo, per il 2024 stiamo mettendo a punto un progetto importante: realizzare una flotta di 107 food truck, 107 PizzAutoBus, uno in ogni provincia italiana.

Io ho già cominciato a cercare sponsor per acquistarli, poi ho l'intenzione di cederli in comodato d'uso, ciascuno a una associazione che si occupa di autismo sul territorio della propria provincia, perché lo gestiscano al meglio. Stiamo preparando una sorta di manuale per spiegare come funziona un truck, come si fanno le pizze più buone della galassia conosciuta e come si può la tenuta economica del progetto in modo da poter pagare ciascuno cinque regolari contratti, quattro dei quali firmati da ragazzi autistici che faranno i pizzaioli o i camerieri. In questo modo, nel giro di un decennio potremmo creare 500 posti di lavoro per ragazzi autistici.

UN SOGNO.

Non sarebbe meraviglioso?

Lo so, qualcuno pensa che sia un illuso visionario, qualcun altro che le mie idee siano irrealizzabili, che come al solito abbia perso il senso del limite.

Cosa è cambiato dall'inizio di questa avventura?

Perché non mi fermo? Perché non mi godo i miei ragazzi Aut, la mia famiglia, i risultati raggiunti, e non mi accontento di quello che abbiamo creato?

Be', per cominciare sento di doverlo fare perché ogni volta che in pizzeria arrivano genitori di ragazzi autistici a confessare le loro ansie sul futuro, io e Stefania sappiamo cosa stanno passando e sappiamo quanto può essere di incoraggiamento per loro vedere ragazzi autistici che lavorano, sono realizzati, si relazionano, ridono, abbracciano.

Stefania mi chiede spesso come sarebbe stata la nostra vita se, quando abbiamo ricevuto la diagnosi di Leo, avessimo saputo che esisteva un PizzAut da qualche parte vicino a noi. E la risposta la dà lei, sempre uguale: «Ci saremmo sentiti meno soli e avremmo avuto meno paura».

Quindi io non voglio mollare, perché vorrei che nessuna mamma e nessun papà si sentissero mai più come ci eravamo sentiti noi: perduti, disorientati, frustrati, angosciati. Una sensazione che capisci solo quando ti attraversa e che non si può spiegare a parole: ma che cambia la tua vita segnandoti nel profondo, perché dopo la diagnosi nulla potrà più essere come prima.

E poi lo faccio per Leo, alternando sempre il mio entusiasmo e la mia energia ai momenti di tristezza in cui mi sembra di non essere un papà adeguato.

Ecco, io rimango sempre lo stesso. Sono sempre e soprattutto un papà con tutte le sue contraddizioni e i suoi limiti.

Il padre di Leo e di Giulia, splendida ragazza inevitabilmente coinvolta dall'autismo del suo adorato fratello, che adesso sta trovando la sua strada nel mondo, che sta diventando grande, una giovane donna ricolma di ideali e di amore per il prossimo.

La mia Giulietta che guardo stando un passo indietro e per la quale provo così tanto orgoglio vedendola crescere, perché so che per lei è sempre tutto una fatica doppia.

E poi il mio Leo, che qualcuno voleva bloccare dentro alla sua diagnosi: «Autistico, Articolo 3 Comma 3».

Ma anche lui, come tutte le persone con disabilità, non è mai la sua diagnosi. È ovvio che spero un giorno di poterlo assumere da PizzAut, ma spero anche che quello stesso giorno ci siano tante altre aziende pronte ad assumere persone autistiche.

Oggi come oggi, Leo non sarebbe in grado di inserirsi in questo contesto lavorativo, ne sono consapevole.

Ma io non perdo la speranza.

Io non mi rassegno, questo sicuramente no. Questa avventura straordinaria ha senso ogni minuto, ogni ora e ogni giorno. Io e Stefania sappiamo che questa non è l'unica strada, ma è comunque almeno UNA strada per restituire dignità e futuro ai ragazzi autistici, per un «dopo di noi» che si costruisce da adesso.

Questa è la strada su cui camminano Matteone, Francesco, Simone, Leonardo, Matteino, Lorenzo, Andrea, Beatrice, Christian, Gabriele, Riccardo, Alessio, Lorenzino, Michele, Letizia, Alessandro, Andrea, Mirko, Nicolò, Edoardo, William, Simone, Daniele... Per questo ci teniamo tutti per mano e continuiamo a fare questa bellissima fatica, a emozionarci per i piccoli grandi traguardi, per piccoli grandi miglioramenti, per quelli che a volte sembrano quasi miracoli, a stupirci dell'affetto che riceviamo, a sentirci orgogliosi per i riconoscimenti, ad abbracciare altri genitori pensando che idealmente stiamo abbracciando quei genitori che hanno vissuto e vivono quello che è accaduto a noi.

Noi non molliamo, io non mollo.

Perché ognuno di noi deve essere il cambiamento che desidera.

Andiamo avanti con amore e fatica, perché da Pizz-Aut *È Vietato Calpestare i Sogni.*

Indice

Finito di stampare nel mese di dicembre 2024
per conto di RCS MediaGroup S.p.A.,
da Rotolito S.p.A., Via Sondrio, 3, Pioltello (Milano)
Printed in Italy